조국의 침략자를 심판하다
안중근

본문 그림 오은영

오은영 선생님은 수원대학교에서 동양화를 전공했으며 현재 프리랜스 일러스트레이터로 활동하고 있습니다.
그린 책으로 《진짜 우리 할머니야》, 《오이 밭이 된 손수건》,
《현수야, 넌 내 마음 아니?》, 《달콤 씁쓸한 열세 살》 등이 있습니다.

부록 그림 김부일

김부일 선생님은 《한국일보》에서 일러스트, 인포메이션 그래픽 업무를 했으며
'뉴시스' 멀티미디어 팀 부장, 《데일리줌》 만화 팀장 등을 역임했습니다.
현재 (주)김부일커뮤니케이션을 설립하여 다양한 기획 및 일러스트를 진행하고 있습니다.

표지 그림 청설모

청설모 선생님은 중앙대학교에서 한국화를 전공했으며
《스포츠서울》, '다음 미디어', 《씨네21》 등 다양한 대중 매체에 만화를 연재해 왔습니다.
이 밖에 'SK 텔레콤' 등에 플래시 애니메이션을 제작해 제공하기도 했습니다.

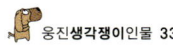
웅진생각쟁이인물 33

안중근

초판 1쇄 발행 2008년 8월 25일
초판 4쇄 발행 2010년 6월 24일

지 은 이 김경란
발 행 인 최봉수
총편집인 이수미
편 집 인 이화정
편집주간 신지원
편집진행 그림자리_구준회 강명옥 김혜영 한보미
디 자 인 dnb_이영수 박소연 김윤정 www.idnb.co.kr
사진제공 포인스 연합포토 유로포토
마 케 팅 박성인 신용천 최재근 양근모 이승아
제   작 최서윤

임프린트 웅진주니어
주   소 서울시 종로구 동숭동 199-16 웅진빌딩
주문전화 02-3670-1570,1571 팩스 02-747-1239
문의전화 02-3670-1192(편집) 02-3670-1024(영업)

발 행 처 (주)웅진씽크빅
출판신고 1980년 3월 29일 제406-2007-00046호

ⓒ 김경란 2008 (저작권자와 맺은 특약에 따라 검인을 생략합니다)
ISBN 978-89-01-08514-2
ISBN 978-89-01-07192-3(세트)

씽크하우스는 (주)웅진씽크빅 단행본개발본부의 브랜드입니다.
이 책은 저작권법에 따라 보호받는 저작물이므로 무단 전재와 무단 복제를 금지하며,
이 책 내용의 전부 또는 일부를 이용하려면 반드시 저작권자와 (주)웅진씽크빅의 서면동의를 받아야 합니다.

· 잘못된 책은 바꾸어 드립니다.
· 책값은 뒤표지에 있습니다.

웅진생각쟁이인물 33

조국의 침략자를 심판하다
안중근

김경란 지음

씽크하우스

머리말

나라 사랑의 마음을
일깨워 주는 안중근 의사

　얼마 전 뉴스에서 안중근 의사 의거 100주년을 맞아 시신을 찾기 위해 정부가 나섰다는 소식을 들었습니다. 1945년 해방이 되고 얼마 지나지 않았을 때부터 우리나라뿐만 아니라 북한에서도 안중근 의사의 시신을 찾기 위해 노력했습니다. 하지만 일본군이 아무렇게나 묻고 그 위치를 알려 주지 않아서 지금껏 찾지 못하고 있답니다.

　잃어버린 나라를 되찾기 위해 몸과 마음을 다 바치고서도 사랑하는 조국에 묻히지 못하고 일본군의 흔적이 스산하게 남아 있을 뤼순 땅 어느 한구석에 묻혀 계실 안 의사를 생각하면서, 저는 글을 쓰는 내내 너무도 마음이 아팠습니다.

　어쩌면 어린이들이 이 책을 읽고 있을 즈음에는 참으로 기쁘고 반갑게도 안중근 의사의 시신을 찾아 효창 공원에 있는 안 의사의 가짜 무덤이 진짜 무덤으로 바뀌어 있었으면 좋겠다는 기대를 해 봅니다.

　여러분은 안중근 의사가 우리나라의 독립을 위해 싸우다가 하얼빈에서 이토 히로부미라는 일본인 우두머리를 죽였다는 것을 들어 본 적이 있을 것입니다. 어떤 사람들은 아무리 나라의 독립을 위해서라지만 사람을 죽이는 일은 옳지 않은 것, 즉 테러라고 말하기도 합니다. 그러나 일제 식민지 시대를 돌아볼수록 우리 민족이 얼마나 일본 사람들에게 끔찍하게 착취당하고 수난을 겪었는지를 알게 되고, 또 그랬기에 테러라는 무서운 방법으로라도 독립을 얻으려 애썼다는 사실을 느끼게 됩니다.

전쟁이 일어난다면 얼른 다른 나라로 도망갈 거라고 말하는 어린이들을 본 적이 있습니다. 그렇지만 우리 스스로가 우리나라를 사랑하고 지키려 애쓰지 않는다면 그 누구도 우리를, 또한 우리나라를 지켜 주고 사랑해 주지 않는답니다. 저는 이 책을 읽는 어린이들이 그것을 마음 깊이 알아주었으면 좋겠습니다.

그리고 기회가 된다면 서울시 남산에 있는 안중근 의사 기념관도 한번 들러 보기를 바랍니다. 안중근 의사의 나라에 대한 올곧은 마음이 담긴 글씨와 여러 유품을 직접 눈으로 확인하면서 진정한 애국이 어떤 것인지 생각해 보는 기회가 될 테니까요.

김경란

차례

머리말 　　　　　　　　　　　　　　　　　　　　　　　　4

찾을 수 없는 안중근의 흔적 　　　　　　　　　　　　　　8
　생각쟁이 열린마당 　대한민국을 세운 사람들 　　　　　　29

쓰러져 가는 나라 　　　　　　　　　　　　　　　　　　32
　생각쟁이 열린마당 　갑신정변은 왜 실패했을까? 　　　　　47

도마 안중근으로 다시 태어나다 　　　　　　　　　　　　50
　생각쟁이 열린마당 　매국노들의 선택 　　　　　　　　　　63

의협심 강한 대한의 장부, 안중근 　　　　　　　　　　　66
　생각쟁이 열린마당 　선교사는 문화 전파자였을까, 문화 파괴자였을까? 　81

나라와 민족을 위한 큰길로 나서다 　　　　　　　　　　84
　생각쟁이 열린마당 　교육이 독립의 길이다 　　　　　　　　93

연해주에 우뚝 선 대한국인 안중근 96

생각쟁이 열린마당 고종 황제를 끌어내린 헤이그 밀사 사건 111

핏물로 새긴 대한 독립 만세 114

생각쟁이 열린마당 이토 히로부미는 어떤 사람이었나? 124

민족의 이름으로 원수를 처단하다 128

생각쟁이 열린마당 테러리스트인가, 독립투사인가? 141

당당하고 의롭게 맞은 최후의 순간 144

생각쟁이 열린마당 안중근을 존경하고 기억하는 일본인 160

안중근의 발자취 162

찾을 수 없는
안중근의 흔적

효창 공원에서 만난 안중근

"은수야, 아직도 안 일어났느냐?"

아직 해도 뜨기 전인데 할아버지가 은수를 부르셨습니다.

"어유, 보나마나 국립묘지 가자고 하실 거야. 아웅, 졸려."

은수는 억지로 눈을 뜨면서 중얼거렸습니다.

해마다 6월 6일, 현충일˚이 되면 할아버지는 오빠와 은수를 데리고 국립 현충원˚에 가셨습니다. 6·25 전쟁˚ 때 학생 신분으로 공산군에 맞서 싸우다 돌아가신 할아버지의 친구를 찾아가는 것입니다.

"난 대체 이게 뭐야? 다른 아이들은 공휴일이면 놀러 가거나 집에서 늦잠 자느라 신이 나는데……."

그렇지만 할아버지가 벌써 거실을 왔다 갔다 하시며 은수를 부르는데 일어나지 않을 수가 없었습니다.

"치사해. 오빠는 시험공부 때문에 안 가도 된다니…… 그런 게 어디 있어? 나는 뭐 시험 안 보나? 나도 다음 주에 한자 시험 있는데. 나도 중학생이 되면 시험 핑계 대고 가지 말아야지. 에이……."

은수는 중얼중얼 혼잣말을 하며 대충 옷을 입고 거실로 나갔습니다.

"좀 더 단정하고 깔끔한 옷은 없냐? 바닥을 쓸고 다니는 통 넓은 바지며……. 쯧쯧."

현충일 나라를 위해 싸우다 숨진 사람들과 군인들의 충성심을 기리려고 정한 날로 매년 6월 6일.

현충원 국가나 민족을 위해 목숨을 바친 사람들을 한 곳에 모신 묘지. 서울과 대전에 있음.

6·25 전쟁 1950년 6월 25일 새벽에 북한 공산군이 남한을 공격해 일어난 전쟁.

할아버지가 은수 옷을 보고 한마디 하셨습니다. 하긴 요즘 5, 6학년 언니들을 따라 하다 보니 은수 옷차림이 어색한 건 사실이었습니다. 그렇지만 어떤 옷을 입든 할아버지가 간섭할 일이 아니었습니다.

기어이 은수가 한마디 내뱉었습니다.

"요즘 아이들은 다 이렇게 입어요."

"남들이 한다고 무조건 따라 한다는 거야?"

"어유, 할아버지는 왜 언제나 저만 야단치세요? 오빠가 머리 염색했을 때는 아무 말씀도 안 하시고는……."

"은수야, 할아버지께서 말씀하시는데 그렇게 말하면 안 되지."

옆에서 엄마가 눈짓을 했습니다. 그렇지만 은수는 더 볼멘소리로 말대꾸를 했습니다.

"오빠한테는 만날 우리 장손˚, 우리 장손 하면서 저한테는 귀찮은 것만 시키시잖아요. 치!"
"아니, 이 녀석이!"
"은수야!"
할아버지의 얼굴이 굳어졌습니다. 엄마도 얼굴이 빨개졌습니다. 그제야 은수도 좀 심했다는 생각이 들었습니다. 단단히 혼이 날 것 같았습니다.

그렇지만 할아버지는 더 이상 야단치지 않았습니다. 벌써 모자까지 쓰고 서서 은수가 아침을 먹기를 기다리셨습니다. 아침을 느긋하게 먹기도 틀린 모양입니다.

"왜 이렇게 아침 일찍 나서야 해요? 좀 천천히 가면 안 돼요? 우리 집에서 현충원이 엄청나게 멀지도 않잖아요."
"이 녀석아! 현충원 가는 길이 얼마나 많이 막히는지 해마다 겪으면서 그런 소리를 하느냐?"
하긴 할아버지 말씀이 맞았습니다. 해마다 현충일에 우리나라에서 가장 큰 국립묘지인 현충원에 가다 보면 성묘˚하러 오는 사람들이 탄 차가 얼마나 많은지 교통지옥이 따로 없었

장손 한 집안에서 맏이인 후손을 가리킴.
성묘 후손이 조상의 산소를 찾아가서 돌보는 일. 주로 설, 추석, 한식에 함.

습니다.

 은수는 잘 넘어가지도 않는 밥을 몇 숟가락 떠 먹은 뒤 할아버지를 따라나섰습니다. 할아버지가 차에 시동을 걸었습니다.

 "할아버지, 급하다고 빨리 몰지 말고 천천히 가세요."

현충탑 나라를 위하여 싸우다 숨진 사람들을 기리기 위해 세운 탑이다.

　은수가 부루퉁해서 참견하자 할아버지는 허허허 웃으셨습니다.
　"할머니 잔소리 듣기 싫어서 너를 데려가는 건데 너도 잔소리구나."
　"그야 당연하죠. 저도 할머니 손녀인걸요. 당연히 할머니를 닮았죠."
　"오냐, 천천히 운전하마."
　할아버지의 웃음 때문이었을까? 은수는 어느새 화가 풀리고 밝은 기분으로 할아버지와 한적한 도로를 달려 현충원 앞에 도착했습니다. 현충원 앞은 참배하러 온 사람들로 벌써 북적거리고 있었습니다.
　"참, 할아버지! 꽃은요?"
　"아침 일찍 꽃 가게에 가서 사다 놨지."

할아버지는 자동차 트렁크를 열더니 노란 국화 다발을 꺼내 들었습니다.

"할아버지, 제가 들게요."

은수는 얼른 할아버지 손에서 꽃다발을 건네 들었습니다. 늦잠도 자지 못하고 놀이동산에 갈 수 없어 서운했지만, 일 년에 한 번 할아버지를 따라 현충원에 오는 것도 썩 나쁘지는 않았습니다.

단정하고 깔끔하게 정리된 무덤 사이를 걸어서 할아버지 친구 무덤 앞에 꽃다발을 놓고 묵념 하면 왠지 굉장한 일을 한 것 같아 뿌듯한 마음도 들었습니다.

좀 더 어렸을 때는 할아버지 친구 분이 대통령이 묻혀 있다는 국립묘지에 묻혀 있는 이유가 궁금했습니다. 그렇지만 이제 그분이 나라를 위해 싸우다 돌아가셨기 때문이라는 것쯤은 다 압니다.

묵념 말없이 마음속으로 비는 것. 주로 죽은 이가 평안히 잠들기 바라는 뜻으로 함.

할아버지는 천천히 입구를 지나 무덤 사이로 걸어가셨습니다. 은수도 꽃다발을 들고 할아버지 뒤를 따랐습니다. 할아버지의 걸음이 워낙 느려서 은수는 여기저기 두리번거리며 걸었습니다.

잘 다듬어진 잔디 위로 반듯반듯한 묘비마다 이름이 또렷이 새겨져 있었습니다. 벌써 참배하고 간 듯 앞에 꽃다발이 놓인 무덤이 많았습니다. 은수는 묘비에 새겨져 있는 이름을 하나하나 따라 읽으며 걸어갔습니다.

"할아버지, 여기에 우리나라를 위해 싸우다 돌아가신 분을 모두 다 모셨나요?"

은수가 문득 궁금한 마음에 여쭤 보았습니다.

"그렇지는 않단다. 전쟁 때 싸우다가 돌아가셔서 시신을 찾지 못하고 위패˙만 모셔 놓은 분도 있어. 특히 일제 강점기˙ 때 우리나라의 독립을 위해 싸우다가 돌아가신 사람들 가운데에는 시신을 찾을 수 없는 분이 많았단다. 또 어떤 분들은 살아 계실 때 국립묘지에 묻히지 않겠다고 말하기도 했어. 그래서 너희들이 잘 아는 김구 선생이나 김좌진 장군, 안창호 선생의 무덤은 이곳 현충원에 없단다."

위패 죽은 사람의 이름을 적어 놓은 나무패.

일제 강점기 1910년 일본에게 나라를 빼앗긴 뒤 1945년 해방되기까지 35년간의 시대.

"왜 국립묘지에 묻히기를 거부해요?"

은수가 눈을 동그랗게 뜨고 물었습니다.

"일본의 앞잡이 노릇을 했는데 나라에 공을 세운 사람으로 잘못 알려져 국립묘지에 묻힌 사람들도 있기 때문이라는구나. 그런 사람들과 한곳에 묻힐 수 없으니 다른 곳에 묻히게 해 달라고 돌아가시기 전에 미리 말씀한 분들도 있다는 거야."

은수는 고개를 끄덕였습니다. 독립운동을 하다가 돌아가셨는데 일본의 앞잡이 노릇을 한 친일파와 함께 묻혀 있다면 은수도 싫을 것 같았습니다. 학교 사회 시간에 선생님에게서 일제 강점기 때 친일파가 얼마나 비겁하고 나쁜 사람들이었는지 들었기 때문입니다.

"그뿐이 아니야. 어떤 독립운동가들은 아예 시신을 찾지 못해 가짜 무덤을 만들어야 했단다."

"가짜 무덤이라고요?"

할아버지가 고개를 끄덕였습니다.

"어린 나이에 독립 만세를 외치다 목숨을 잃은 유관순 열사˙나 손가락을 잘라 독립 의지를 다진 안중근 의사˙ 같은 분들이란다."

"왜 시신을 잃어버렸어요?"

"묻은 곳이 어디인지 모르거나 일본 사람들이 사형 집행을 하고는 아무 데나 묻어서 그렇지."

어느새 두 사람은 할아버지 친구의 무덤 앞에 이르렀습니다.

'대한민국 해병 중사 김지현의 묘.'

묘비에는 검은 글씨로 이렇게 쓰여 있었습니다. 할아버지와 은수는 묘비 앞에 꽃을 내려놓고 경건하게 묵념했습니다.

한참 동안 묘비 앞에서 아무 말도 하지 않고 앉아 있던 할아버지가 드디어 몸을 일으켰습니다. 그러고는 이렇게 말씀하셨습니다.

열사 나라를 위해 절개와 의리를 굳게 지키며 충성을 다하여 싸운 사람.
의사 나라를 위해 의로운 일을 한 훌륭한 사람.

"은수가 나라를 위해 애쓰다가 돌아가신 분들에 대해 관심이 생긴 모양이구나. 그렇다면 오늘 할아버지가 독립운동을 하다 돌아가신 분들의 무덤에 데려가 주마."

"독립운동을 하신 분들이라고요?"

"그래. 집에 가는 길에 효창 공원이 있지? 그 공원 안에 독립운동을 하다 돌아가신 분들의 무덤이 있단다. 김구 선생이나 윤봉길 의사 그리고 시신을 찾지 못한 분들 가운데 한 분인 안중근 의사의 가짜 무덤이 거기에 있지."

백범기념관 서울시 용산구 효창 공원 안에 있다.

놀이동산보다 재미있을 것 같지 않지만 집 근처인데

한 번도 들어간 적이 없는 효창 공원에 간다니, 호기심이 생겼습니다. 은수는 기꺼운 마음으로 할아버지를 따라 현충원을 나섰습니다.

효창 공원에도 현충일이어서인지 찾아온 사람이 꽤 많았습니다.

"우아! 경치가 정말 좋아요."

은수는 효창 공원에 있는 커다란 나무들과 오솔길 그리고 땅을 온통 덮을 듯 드리우고 있는 나무 그늘이 마음에 쏙 들었습니다.

"효창 공원은 원래 왕족의 무덤이 있던 곳이란다. 그런데 일본 사람들이 왕족을 모두 다른 곳으로 옮겨서 여기에는 김구 선생을 비롯한 독립운동가나 일제 강점기 때 우리나라의 임시 정부를 이끌었던 분들을 모셨지."

공원 안을 둘러보니 백범 김구 선생님의 무덤과 백범 기념관 그리고 독립운동가 이봉창, 윤봉길, 백정기 의사의 무덤, 비록 시신은 없다지만 안중근 의사의 이름이 쓰여 있는 무덤도 보였습니다.

임시 정부 1919년 4월 중국 상하이에서 이승만, 김구 등이 중심이 되어 우리나라의 독립을 위해 임시로 세운 정부.

"할아버지, 왜 안중근 의사의 시신은 찾지 못했을까요?"

"안중근 의사는 중국 하얼빈에서 우리나라 침략의 우두머리였던 이토 히로부미를 총으로 쏴서 죽이고 체포되어 뤼순 감옥에서 사형당했단다. 시신은 감옥 묘지에 묻혔는데 시간이 흐른 뒤 묘지가 훼손되어 안중근 의사의 무덤을 찾을 수 없다는구나."

"에이, 돌아가신 뒤에 빨리 시신을 찾았으면 좋았을 걸 그랬어요."

"그때는 일본 사람들이 안중근 의사의 시신을 가져오지 못하게 했단다."

"왜요?"

은수는 이미 죽은 사람인데 어째서 원하는 곳에 묻지 못하도록 했는지 이해할 수 없었습니다.

의거 한 사람이나 집단이 정의를 위해 의로운 일을 도모함.

"안중근 의사의 의거가 그만큼 많은 사람들에게 영향을 줄 수 있다고 생각했겠지."

사실 은수는 안중근 의사에 대해 아는 것이 별로 없었습니다. 그저 일본 사람인 이토 히로부미를 죽인 사람이라는 것 정도였습니다.

"할아버지, 도대체 안중근 의사가 얼마나 무시무시한 일을 했기에 돌아가신 뒤에도 시신을 가져가지 못하게 했을까요?"

"이제부터 안중근 의사가 어떤 분이었는지 한번 알아보렴."

은수는 안중근 의사의 무덤, 아니 가짜 무덤 앞에 섰습니다. 그리고 안중근 의사의 모습은 어땠을까 상상해 보았습니다. 총으로 사람을 죽였다니 호랑이처럼 무시무시한 사람이 아닐까 하는 생각이 들었습니다.

북두칠성을 품고 태어난 아이

가을 햇살이 눈부시게 비치는 1879년 9월의 어느 날. 황해도 해주의 안태훈 진사˚ 댁 사람들은 안방에서 부엌으로, 사랑˚에서 안방으로 오가며 바쁘게 움직였습니다. 이 댁 마님인 조씨 부인이 막 아기를 낳았기 때문입니다.

갓난아기의 힘찬 울음소리가 안마당을 가득 채웠습니다. 집안의 대를 이어 갈 첫아들이었습니다. 그제야 사람들은 한시름 놓은 듯 얼굴 가득 웃음을 띠고 바쁘게 일손을 놀리기 시작했습니다.

그런데 갓 태어난 아기의 몸을 닦아 주던 할멈이 손을 멈추고 낮게 소리쳤습니다.

"에구머니! 이게 웬일이람?"

"할멈, 왜 그러는가? 아기가 어디 이상하기라도 한가?"

아기를 낳았다는 안도감에 기운 없이 누워 있던 조씨 부인이 고개를 들며 물었습니다. 혹시 갓난아이에게 무슨 문제라도 있을까 봐 걱정되었습니다.

그러나 할멈은 고개를 저었습니다.

"아, 아닙니다, 마님. 잘못된 게 아니라 도련님 몸에 점이 일곱 개

> **진사** 조선 시대에 과거의 예비 시험인 소과의 복시에 합격한 사람을 부르는 말. 또는 그런 사람.
> **사랑** 집의 안채와 떨어져 있으며 바깥주인이 머무르면서 찾아오는 손님을 접대하는 곳.

북두칠성 밤하늘의 별자리 가운데 큰곰자리의 꼬리에 해당하는 일곱 개의 별을 가리키는 말로, 모양이 국자와 비슷함. 인간의 수명을 관장하는 별자리로 여겨짐.
옥동자 어린 사내아이를 귀엽게 이르는 말.

나 찍혀 있는 모양이 꼭 북두칠성을 닮은 것 같아서 놀랐을 뿐입니다."
"몸에 점이 일곱 개나 있다고? 어디 나도 좀 보세."
조씨 부인은 몸을 일으켜 아기의 몸을 살폈습니다.
"아, 정말 아기 몸에 북두칠성이 박힌 것 같네. 정말 신기한 일이야."
할멈이 고개를 끄덕이며 말했습니다.
"마님, 나쁜 일은 아닌 것 같습니다. 도련님이 나중에 큰 인물이 되실 모양입니다."
"글쎄……. 정말 그 말처럼 훌륭한 사람이 되었으면 좋겠구먼. 이 사실을 진사 어른께도 알려 드리게."
"알려 드리다마다요."
할멈이 아기를 이불로 잘 여미며 말했습니다.
잠시 뒤, 하인인 돌이 아범이 안태훈이 머물고 있는 사랑으로 달려가 아기가 태어났음을 알렸습니다.
"진사 어른, 마님께서 옥동자를 낳으셨습니다."
"허허. 드디어 우리 집안에 대를 이을 손자가 태어났구나."
아들 안태훈과 함께 사랑에서 아기가 태어나기를 기다리던 안인수가 벌떡 일어났습니다.

"어르신, 마님이 낳은 아기는 아주 건강합니다. 그런데 신기한 일이 있습니다."

하인의 말에 안태훈이 물었습니다.

"아기에게 무슨 일이 있느냐?"

"저어……. 사실은 갓 태어난 도련님 몸에 북두칠성을 꼭 닮은 팥알만 한 점이 일곱 개 박혀 있다고 하옵니다."

"뭐라고? 북두칠성을 닮은 점이 있다고? 아니, 대체 그건 무슨 징조일까?"

안태훈은 깜짝 놀랐습니다.

그렇지만 할아버지 안인수는 껄껄 웃으며 말했습니다.

"허허. 무슨 징조냐고? 북두칠성을 몸에 안고 태어난 아기야말로 세상에 크게 이바지할 아이가 아니겠느냐? 그러니 당연히 아주 좋은 징조라고 봐야지. 어떤 인물이 될지 정말 기대되는구나. 그 아이를 잘 키워야 한다. 알겠느냐?"

"예, 아버지."

안태훈이 고개를 끄덕였습니다. 그러고는 한달음에 아이가 누워 있는 안방으로 달려갔습니다. 조씨 부인 옆에는 건강한 아기가 해맑은 얼굴로 누워 있었습니다.

안태훈이 얼굴에 웃음을 띠고 아기와 함께 누워 있는 조씨 부인을 바라보았습니다.

"부인, 수고했소. 아기도 부인도 건강하다니 정말 다행이오."

조씨 부인이 수줍게 웃었습니다.

"예. 집안의 대를 이어서 저도 기쁩니다."

"아기 몸에 북두칠성을 닮은 점이 있다는데 정말이오?"

"예. 꼭 북두칠성을 닮았으니 정말 신기합니다. 여기를 보세요."

조씨 부인은 배내옷을 젖히고 아기의 몸을 보여 주었습니다.

"허허. 정말 이 아이의 가슴에서 배까지 팥알만 한 점이 북두칠성처럼 박혀 있구려."

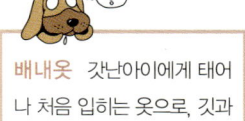

배내옷 갓난아이에게 태어나 처음 입히는 옷으로, 깃과 섶을 달지 않은 저고리.

"예, 정말 신기한 일입니다. 할멈은 이 아이가 나중에 아주 큰 인물이 될 거라고 했답니다."

안태훈은 웃음을 지으며 말했습니다.

"아버지께서도 같은 말씀을 하셨소. 큰 인물이 될 아이이니 잘 키우라고 말이오. 그러니 우리는 이 아이를 훌륭하게 키우기 위해 정성을 다해야 할 것이오."

"예, 잊지 않겠습니다."

안태훈과 조씨 부인은 몸에 북두칠성을 품고 태어난 아기를 보며 이렇게 다짐했습니다.

글공부를 시작하다

몸에 있는 점 일곱 개 때문에 아기의 이름은 응칠이 되었습니다. 그것은 할아버지의 뜻이었습니다.

응칠의 집안은 만석이 넘는 농사를 지을 만큼 넓은 땅과 많은 재산을 가지고 있었습니다. 그래서 큰 부잣집으로 유명했습니다. 할아버지 안인수는 진해 현감을 지냈던 양반으로, 모르는 사람이 없었습니다. 안인수가 유명한 것은 재산이 많아서라기보다 어려운 사람을 보살펴 주고 함께 기쁨과 슬픔을 나눌 줄 아는 사람이기 때문이었습니다.

안인수는 여섯 아들과 세 딸을 두었는데, 그 가운데에서도 셋째 아들인 안태훈은 재주와 지혜가 뛰어났습니다. 얼마나 영특했는지 열 살이 채 못 되어 사서삼경을 떼고, 열다섯 살이 되지 않았을 때 이미 과거 공부를 할 정도였습니다.

안태훈은 좀 더 자란 뒤에는 진사가 되었습니다. 그리고 첫째 아들인 응칠과 둘째 아들 정근, 셋째 아들 공근과 딸 하나를 두었습니다. 할아버지는 그 가운데에서도 맏이인 응칠을 몹시 사랑하고 아꼈습니다.

응칠은 처음 태어났을 때의 기대대로 매우 영리하고 사내다운 아

현감 조선 시대 작은 마을인 현에서 가장 높은 벼슬.

사서삼경 유교의 기본 경전으로, 사서와 삼경을 아울러 이르는 말. 사서는 《논어》, 《맹자》, 《중용》, 《대학》, 삼경은 《시경》, 《서경》, 《주역》을 가리킴.

이로 자라났습니다. 아장아장 걸음을 떼면서부터는 뛰다가 넘어져도 잘 울지 않았습니다. 할아버지는 응칠을 업어 주고 안아 주며 사랑을 듬뿍 쏟았습니다.

얼마나 많이 업어 주었던지 글공부만 한 할아버지의 허리가 견뎌 내지 못할 정도였습니다. 그렇지만 할아버지는 힘든 내색을 하지 않고 언제나 응칠을 보듬어 주었습니다. 그런 할아버지의 사랑은 온 동네에 파다하게 퍼질 만큼 유명했습니다.

할아버지의 크나큰 사랑으로 마냥 버릇없는 아이가 될 것 같았지만 응칠은 결코 비뚤어지지 않았습니다. 자기가 하고 싶은 일은 울고 떼를 써서라도 꼭 해내고 마는 고집스러운 아이였습니다. 그만큼 성질도 급하고 장난도 많이 쳤지만 할아버지와 집안 어른들의 기대를 저버리지 않았습니다.

응칠의 활달한 기질을 가장 먼저 알아본 사람은 바로 할아버지였습니다.

"이 아이에게는 억지로 무언가를 시키면 안 된다. 그러니 무엇이든 스스로 즐겁게 하도록 이끌어 주어야 해. 더구나 저렇게 뛰놀기를 좋아하니 무예를 잘할 것이다. 그러나 무예뿐만 아니라 글도 잘하는 진정한 사내대장부로 만들어야 한다."

할아버지는 응칠이 네 살이 되었을 때부터 글공부를 시키기로 마음먹었습니다. 그렇지만 무턱대고 억지로 공부를 시키지는 않았습니다. 응칠의 마음을 움직여 스스로 공부하고 싶도록 이끌었습니다. 할아버지는 응칠처럼 싫은 것은 하지 않으려 드는 고집스러운 아이에게 《천자문》을 가르치는 것이 얼마나 어려운 일인지 잘 알고 있었습니다.

《천자문》 한자 공부를 처음 시작할 때 주로 배우는 책으로, 중국 양나라의 주흥사가 지었으며 1000자로 이루어짐.

어느 날 할아버지는 종이와 벼루, 먹을 준비해 놓고 응칠을 불렀습니다.

"응칠아, 너 이제부터 글공부를 해 보겠느냐?"

조심스러운 할아버지의 물음에 뜻밖에도 응칠은 또렷한 목소리로 대답했습니다.

"예. 해 보고 싶어요."

"글공부는 쉬운 게 아니란다. 그런데 네가 정말 꾀를 부리지 않고 열심히 할 수 있겠느냐?"

"열심히 할 수 있어요."

응칠은 역시 욕심이 많은 아이였습니다. 그제야 할아버지 얼굴에 웃음꽃이 피었습니다.

"허허, 그래. 그렇다면 열심히 해 보아라."

그 뒤로 응칠은 할아버지와 함께 글공부를 하게 되었습니다. 할아버지는 글자를 익히는 것과 함께 글씨 쓰기도 가르쳤습니다.

"자, 허리를 반듯하게 펴고 단정하게 앉아 글씨를 써 보아라."

"예, 할아버지."

응칠은 한 자 한 자 열심히 배우고 썼습니다. 아직 어린 나이라 손에 붓을 쥐는 것도 쉽지 않았지만 불평하지 않았습니다.

"응칠아, 붓글씨를 쓸 때는 마음을 먼저 가다듬어야 한다. 그래야 바르게 쓸 수 있단다."

응칠은 할아버지의 가르침을 열심히 따랐습니다. 때로는 매우 어렵고 힘이 들었지만 꾀부리지 않고 땀이 송골송골 맺힐 때까지 열심히 공부했습니다.

그러나 응칠도 때로는 마음이 흐트러져서 종아리를 맞기도 했습니다. 하지만 마음을 다해 아주 훌륭히 글씨를 써내 할아버지를 감탄하게 만들었습니다.

"허허, 이것 좀 보게. 우리 응칠이가 쓴 글씨라네. 어떤가? 아주 잘 쓰지 않았나?"

할아버지는 응칠이 쓴 글씨를 친구들에게 자랑하며 크게 기뻐했습니다. 마냥 놀고 고집만 부릴 것 같던 아이가 그토록 글씨를 잘 쓸 거라고는 예상하지 못했습니다. 그렇기에 할아버지의 사랑은 더욱 깊고 커져 갔습니다.

응칠은 겨우 다섯 살이 되었을 때 《천자문》을 떼고 여섯 살에는

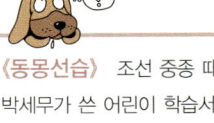

《동몽선습》 조선 중종 때 박세무가 쓴 어린이 학습서. 《천자문》을 익힌 어린이들이 《소학》을 배우기 전에 공부하는 교과서로 널리 쓰였음.

《동몽선습》을 익힐 만큼 영리했습니다. 하지만 글공부하는 틈틈이 칼과 화살을 갖고 병정놀이를 해 어른들을 걱정스럽게 만들기도 했습니다.

응칠은 틈만 나면 마을 아이들과 칼싸움을 했는데, 하인들을 졸라 만든 나무칼이 하루를 가지 못하고 부러질 만큼 열심이었습니다.

"아이고, 응칠 도련님은 칼을 갖고 노는 걸 얼마나 좋아하는지 하루에 한 개씩은 나무칼을 만들어 드려야 한다니까."

"도련님은 아무래도 이다음에 커서 장군님이 되실 모양이에요."

"웬걸. 글공부도 아주 잘하신다던데? 얼마나 글씨를 잘 쓰는지 어르신께서 주위 사람들에게 자랑이 한가득이시라니까."

하인들은 응칠이 커서 어떤 사람이 될지 궁금해했습니다.

'저 아이는 무예에도, 글에도 뛰어나다. 분명 나라를 위해 큰일을 하는 사람이 될 것이다. 저 아이가 커서 어떤 사람이 될지 정말 궁금하구나. 내가 그때까지 살 수 있을까?'

흐뭇한 눈으로 응칠을 바라보던 할아버지도 응칠의 앞날을 궁금해하기는 마찬가지였습니다.

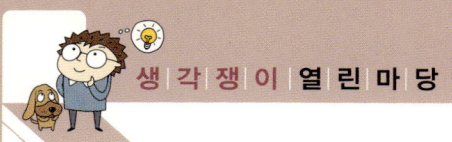

대한민국을 세운 사람들

1919년 일제의 지배를 받고 있던 우리나라 사람들은 3·1운동을 일으켜 독립을 선언했다. 그 뒤 독립운동가들은 일본의 탄압을 피해 상하이에 모여 나라 이름을 '대한민국'이라 짓고, 그해를 대한민국 원년(대한민국이 시작된 해)으로 정했다.

그때 일본에게 식민 통치를 받던 우리나라는 몇 년 전, 고종 황제가 일본의 부당한 행동을 세계에 알리려고 밀사를 보냈던 헤이그 밀사 사건으로 '대한 제국'이라는 나라 이름도 빼앗긴 상태였다.

그래서 일제의 탄압을 피해 상하이 등 나라 밖으로 피했던 독립운동가들이 모여 독립을 선언한 것과 동시에, 나라 이름을 새로 정하고 이미 망하여 사라지고 없는 정부를 중국 땅에서 임시로 운영해 나가기로 했다. 임시 정부는 1919년을 전후해 이미 중국뿐 아니라 다른 나라에 일곱 곳이나 있었는데, 그것을 상하이에 모은 것이 바로 대한민국 임시 정부이다.

그때 모였던 사람들이 각자의 직책을 뽑았는데 대통령에 이승만, 국무총

리 이동휘, 내무총장 이동녕, 외무총장 박용만, 군무총장 노백린, 법무총장 신규식, 재무총장 이시영, 참모총장 유동열 등이었다. 그 밖에 김구, 안창호, 이봉창, 윤봉길 등 많은 사람들이 참여했다.

상하이 임시 정부에서 한 일은 다음과 같다.

첫째, 독립운동을 위해 '연통제'라는 비밀 연락망을 만들었다. 이 비밀 연락망을 이용해 나라 안에 있던 사람들이 독립군에게 돈을 대거나 독립운동에 참여할 수 있었다.

둘째, 미국이나 프랑스 등지에서 외교 활동을 펼쳐 우리나라의 문제를 국제 문제로 다룰 수 있도록 노력했다.

셋째, 《독립신문》을 펴내는 등 우리나라 문화의 자주성을 지켜 나가려고 노력했다.

넷째, 광복군을 만드는 등 독립운동의 중심점이 되었다.

상하이 임시 정부는 1919년부터 1945년 8월 우리나라가 해방될 때까지 중국 상하이와 항저우, 난징, 창사, 충칭 등으로 옮겨 다니며 항일 독립운동과 함께 나라 안팎의 국민에게 독립 의지를 다지게 하는 역할을 했다.

임시 정부를 이끌었던 사람들은 해방을 맞은 뒤 우리나라로 돌아와 대한민국 정부를 세우는 주춧돌이 되었다.

쓰러져 가는 나라

쫓기는 아버지

 응칠의 아버지는 진사 벼슬을 했지만 한학[●]만 열심히 공부하지는 않았습니다. 새로운 문물[●]을 배우는 데도 남다른 관심을 보였습니다.
 그런 아버지가 어느 날 한양에서 한동안 머물다가 고향으로 내려와 할아버지에게 말했습니다.
 "아버지, 깊은 산골로 이사를 갔으면 합니다."
 응칠이 일곱 살 때의 일이었습니다.
 할아버지가 이상하게 여기며 물었습니다.
 "왜 그런 말을 하느냐?"
 "지금 나라 안이 너무나 어지럽습니다. 여기에 있으면 틀림없이

화를 입을 것입니다."

"허허, 큰일이구나."

할아버지는 고개를 저었습니다.

그 무렵 우리나라는 매우 어수선했습니다. 서양 문물을 받아들여야 한다고 주장하는 개화파와 옛것을 그대로 지켜 나가려는 수구파가 서로 맞서 싸우느라 백성들의 살림살이는 거들떠보지도 않았습니다.

나라 밖에서는 메이지 유신으로 나라를 새롭게 일으킨 일본이 힘을 길러 호시탐탐 우리나라를 쳐들어올 기회를 엿보고 있었습니다. 이렇게 우리나라를 탐내는 나라는 일본만이 아니었습니다. 미국이나 영국, 러시아도 조선에 탐욕스러운 눈길을 보냈습니다.

우리나라에서는 어려운 상황을 해결해 보려고 그때까지 서양 문물에 대해 굳게 닫아걸고 있던 문을 열고 개화 정책을 펴면서 여러 가지 노력을 했습니다. 서양처럼 신식 군대를 만들고, 청나라와 일본에 사람을 보내 새로운 문물을 익혀 오도록 했습니다.

그러나 개화 세력에 반대하는 사람이 많았기에 개화는 쉽게 이루어지지 않았습니다. 게다가 조정에서 신식 군대에는 좋은 대우를 해 주고 구식 군대에는 대우를 제대로 해 주지 않는 등 옳지 않은 정책

한학 한문 및 중국에 대해 배우는 학문.

문물 정치, 경제, 종교, 예술, 법률 등 문화에 대한 모든 것을 이름.

개화파 새로운 사상과 제도를 받아들여 나라를 발전시키자고 주장하는 무리.

수구파 변화를 거부하고 옛 제도나 풍습을 그대로 지키고 따르려는 무리.

메이지 유신 19세기 후반 일본의 메이지 천황 때 이루어진 개혁. 정치, 사회 제도를 근대적으로 바꾸고 중앙 집권적인 통일 국가를 이루었음.

을 펼치는 바람에 구식 군대가 난을 일으키기도 했습니다. 그러는 중에 일본 군대와 청나라 군대가 우리나라를 돕는다며 들어와 나라를 더욱 엉망으로 만들었습니다. 그렇지만 조정˚의 어느 누구도 나라를 진정으로 걱정하고 고민하기보다는 자신의 이익에만 눈을 밝혔습니다.

그런 관리들 가운데 나라를 진심으로 걱정하는 젊은 사람들이 있었습니다. 그들은 망해 가는 나라를 두고 볼 수 없어서 개화파를 만들어 나라를 바로 세우려고 애썼습니다.

응칠의 아버지도 개화파에 속했습니다. 개화파의 우두머리라고 할 수 있는 김옥균˚이 앞선 문물을 배우기 위해 일본에 갈 학생 70명을 뽑았는데, 그 가운데 한 사람이 바로 응칠의 아버지였습니다.

김옥균, 박영효˚, 서재필˚ 등의 개화파 사람들은 일본의 도움을 받아 우리나라를 개혁하려고 했습니다. 개화파는 지금까지 청나라에 바치던 조공˚을 없애고 외국의 발달한 문물을 받아들여 우리나라를 새롭게 바꾸어야 한다고 주장했습니다. 그러나 자신들의 주장이 받아들여지지 않자 갑신년(1884년)에 정변˚을

조정 임금이 나라의 정치를 신하들과 의논하거나 집행하는 곳. 또는 그런 기구.

김옥균(1851~1894) 조선 고종 때의 정치가. 민씨 일파를 몰아내고 정권을 잡았으나 며칠 만에 실패함.

박영효(1861~1939) 조선 후기의 정치가. 김옥균과 함께 갑신정변을 일으킴.

서재필(1864~1951) 독립운동가이자 정치가. 갑신정변이 실패하자 일본과 미국에서 망명 생활을 하다가 귀국해 독립 협회를 만들고, 《독립신문》을 펴냄.

조공 종속국이 종주국에게 때를 맞춰 예물을 바치던 일. 또는 그 예물.

정변 정치적으로 일어난 큰 혁명이나 변동, 사건 등을 가리킴.

일으켰습니다.

개화파는 조선을 손아귀에 쥐는 듯했습니다. 그러나 갑신정변은 겨우 3일 만에 실패로 끝났습니다. 수구파를 돕기 위해 청나라 군대가 들이닥치자 도움을 주기로 약속했던 일본이 슬그머니 도망쳐 버렸기 때문이었습니다.

결국 개화파의 우두머리였던 김옥균과 박영효는 정변을 일으킨 지 3일 만에 일본으로 도망쳤습니다. 응칠의 아버지도 고향 집으로 도망왔습니다.

"꼭 이사를 가는 방법밖에 없겠느냐?"

할아버지는 다시 한 번 아버지에게 물었습니다. 조상 대대로 살아온 고향을 떠나기란 결코 쉽지 않은 일이었습니다.

"여기도 안전하지 않을 것 같습니다. 제 고향이 해주라는 것을 한양에서 다 알고 있으니까 분명 쫓아와 저를 잡아갈 것입니다."

김옥균 구한말의 개화파로 갑신정변을 주도했으나 실패로 돌아갔다.

쓰러져 가는 나라 **35**

아버지의 말에 할아버지가 한숨을 길게 내쉬었습니다.

"어쩌면 이렇게 어지러운 세상을 벗어나 깊은 산골로 들어가는 것도 좋겠구나."

할아버지의 말씀이 떨어지자마자 아버지는 모든 재산을 정리했습니다.

적지 않은 식구들과 많은 재산을 하루아침에 정리하기가 매우 어렵고 복잡했습니다. 그렇지만 차근차근 일을 해결해 식구들을 데리고 새로운 세상으로 나아갔습니다.

청계산의 어린 포수

얼마 뒤 하인을 포함해 70여 명이나 되는 대가족은 정들었던 고향 해주에서 1000리쯤 떨어진 황해도 신천군 두나면 천봉산 밑 청계동으로 이사했습니다.

청계동은 깊고 험한 산골이었습니다. 그렇지만 논밭도 넓고 마을도 제법 큰 좋은 곳이었습니다.

청계동으로 이사한 뒤 응칠은 아버지가 집에 마련한 서당에서 동네 아이들과 함께 공부했습니다. 훈장님도 엄격했을 뿐 아니라 이제 아버지도 늘 응칠을 지켜보며 얼마나 열심히 공부하는지를 살폈기에 꾀를 부릴 수도 없었습니다.

　그렇지만 응칠은 공부 못지않게 무예도 좋아하는 아이였습니다. 특히 산이 깊은 청계동으로 사냥하러 오는 포수들이 총을 쏘는 모습을 본 뒤로는 총 쏘는 법을 배우고 싶어 야단이었습니다.

　응칠은 포수들을 따라다니며 총을 쏠 수 있도록 해 달라고 졸라 댔습니다.

　"총은 활보다 훨씬 더 멋있어요. 나도 총 쏘는 법을 배우고 싶어요. 이제 활처럼 시시한 것은 쏘지 않을 거예요."

　이 사실을 알게 된 아버지는 반대했습니다.

　"너는 총이 얼마나 위험한 물건인지 잘 몰라서 그렇게 조르는 거다. 총은 눈 깜짝할 사이에 사람을 죽게 할 수도 있다. 그러니 너처럼 어린아이가 함부로 가까이할 물건이 못 된다."

　그렇지만 응칠은 고집을 꺾지 않았습니다. 총을 쏠 수 있게 해 달라고 할아버지와 포수들을 따라다니며 조르고 또 졸랐습니다. 얼마나 졸라 댔던지 시간이 얼마쯤 지난 뒤 포수들은 할아버지의 허락을 받아 응칠에게 총 다루는 법을 가르쳐 주었습니다.

　응칠이 열 살이 되었을 때는 표적을 정확히 맞힐 수 있을 만큼 실력이 늘었습니다. 그리고 열두 살이 될 무렵에는 말 타기를 즐겼을 뿐 아니라 총 쏘는 법까지 익혀 뛰어난 실력을 갖추었습니다. 응칠의 사격 솜씨가 얼마나 뛰어났던지 스무 걸음 밖에 달아 놓은 엽전 구멍까지 쏘아 맞힐 수 있었습니다. 응칠은 하루가 멀다 하고 사냥을 하러 다녔습니다.

하지만 아버지는 글공부에는 관심을 두지 않고 무예만 익히는 응칠이 걱정스러웠습니다. 할아버지도 학식이 뛰어났지만 아버지도 나라에서 다른 나라의 앞선 문물을 배워 오게 하려고 뽑은 우수한 학생 70명 가운데 한 사람이었을 만큼 학식이 깊은 사람이었습니다.

그런 아버지와 할아버지 눈에 사냥만 하며 하루하루를 보내는 응칠의 행동은 매우 못마땅하게 보였습니다.

서당에서 응칠을 가르치는 훈장님도 무예에만 빠져 있는 응칠을 걱정하며 야단치고 주의를 주었지만 소용이 없었습니다. 아버지와 할아버지는 어른들의 뜻을 거스르는 응칠이 몹시 실망스럽고 안타까웠습니다.

하루는 가까운 친구가 응칠에게 물었습니다.

"응칠아, 너는 요즘도 날마다 사냥을 하러 다닌다지?"

"응, 사냥은 정말 재미있어."

"너희 아버지는 글로 세상에 이름을 떨친 분이잖아. 그런데 너는 어째서 그렇게 무예만 익히는 거야? 정말 이다음에 커서 사냥꾼이 되려고 그래?"

친구의 걱정에 응칠이 정색하고 대답했습니다.

"나는 말을 타고 활쏘기를 열심히 한다고 해서 반드시 사냥꾼이 될 거라고 생각하지 않아. 전에 우리 아버지께서 그러셨어. 우리가 힘을 길러야 나 자신뿐만 아니라 힘없는 나라를 지킬 수 있다고 말이야. 나는 언젠가 나라에서 나를 필요로 할 때 힘껏 일하기 위해 준비하는 거야."

친구는 응칠의 말에 할 말을 잃었습니다. 응칠이 그렇게 깊은 생각을 하고 있는지는 몰랐기 때문입니다.

응칠은 자신의 생각을 아버지에게 말씀드렸습니다. 아버지도 사냥에만 마음을 쏟는 자신을 걱정한다는 사실을 잘 알고 있었기 때문입니다.

응칠의 말을 들은 아버지가 입을 열었습니다.

"그렇구나. 네 말도 맞다. 내가 너에 대해 너무 지나친 걱정을 한 것 같구나. 하지만 네가 잊지 말아야 할 것이 있다. 사람이 제 구실을 다하려면 무예만 익혀서는 안 된다. 학문과 무예를 골고루 갖추었을 때 그 힘을 바르게 쓸 수 있다. 그러니 무예를 쌓는 것뿐 아니라 글공부도 더욱 게을리 하지 마라."

"예. 그러겠습니다."

응칠은 기꺼운 얼굴로 대답했습니다.

새로 받은 이름

응칠의 총 쏘는 실력은 하루가 다르게 늘었습니다. 응칠이 말을 타고 달리면서도 목표물을 백발백중으로 맞히자 나이 많고 경험 많은 포수들은 깜짝 놀랐습니다.

"저 아이는 정말 대단해. 우리가 몇 십 년 동안 익힌 것을 겨우 몇 년 만에 익히다니……."

"정말 그래. 저 아이는 한번 배우려고 마음먹으면 만족할 때까지 포기할 줄 모르더군. 그러니 실력이 쑥쑥 늘지."

사람들은 씩씩하게 자라는 응칠의 모습에 감탄했습니다.

그렇다고 응칠이 공부를 하지 않은 것도 아니었습니다. 응칠은 할아버지가 가르치는 한문과 유학 경전뿐만 아니라 《조선사》, 《자치통감》, 《만국역사》 등의 역사책도 공부했습니다. 글씨 쓰는 솜씨도 나날이 늘어 할아버지에게 큰 기쁨을 주었습니다.

할아버지는 다른 아이들에 비해 키가 작은 편이던 응칠이를 '새끼 손가락'이라는 뜻의 '소지(小指)'라고 부르며 귀여워했습니다.

하루는 포수들이 사냥을 나간다는 소식을 들은 응칠이 함께 데려가 달라고 떼를 썼습니다.

백발백중 100번 쏘아 100번 맞힌다는 뜻으로, 총이나 활 따위를 쏠 때마다 겨눈 곳에 다 맞음을 이르는 말.

유학 중국의 공자를 시작으로 하는 전통적인 학문으로 유교라고도 부름.

경전 한 종교의 교리를 적은 책으로 신성하게 여겨짐.

그러나 포수들은 어린 웅칠이 사냥을 나섰다가 짐승에게 큰 해를 입을 수도 있다는 생각에 고개를 저었습니다.

그러나 웅칠은 막무가내였습니다.

"싫어, 나도 갈 거야. 나도 데려가, 응?"

"도련님, 사냥은 아주 위험해요. 게다가 진사 어르신께서 허락하지도 않으실 거고요."

"그럼 아버지가 허락하시면 가도 되는 거야?"

"그야 그렇지만 진사 어르신께서는 허락하지 않으실 것입니다. 위험한 일이라는 것을 잘 아시니까요."

웅칠이는 당장 아버지에게 달려갔습니다.

"아버지, 사냥 가고 싶어요."

뜻밖에도 안 된다고 반대할 줄 알았던 아버지가 고개를 끄덕였습니다.

"네가 가고 싶다면 가거라."

웅칠은 아버지가 흔쾌히 허락해 주자 깜짝 놀랐습니다. 사실 아버지는 웅칠의 고집스러운 성격을 잘 알고 있었습니다. 그렇기에 무조건 못 하게 막는다고 일이 다 잘 되는 것은 아니라고 생각했습니다.

웅칠은 몇 번이나 조심하겠다는 약속을 하고 사냥 길에 나섰습니다. 눈으로 가득한 산속에 멧돼지의 발자국이 보였습니다.

"내가 저 멧돼지를 잡아 볼 테야!"

응칠은 호기롭게 외치며 주먹을 쥐었습니다.

그러나 포수들은 코웃음을 칠 뿐이었습니다. 아직 어린 응칠이 멧돼지를 잡는다는 것은 어림없는 일이라고 생각했기 때문이었습니다.

그때 산 위쪽에서 총소리와 함께 커다란 멧돼지가 구르듯 달려 내려오는 모습이 보였습니다. 위쪽으로 먼저 올라간 포수들이 멧돼지를 발견하고 총을 쏜 모양이었습니다. 멧돼지는 응칠이 있는 곳으로 빠르게 내달려 왔습니다.

탕!

응칠은 달려오는 멧돼지를 향해 총을 쏘았습니다. 그러나 맞지 않았습니다.

"앗, 위험해!"

그러나 응칠은 당황하지 않고 두 번째로 총을 겨누어 방아쇠를 당겼습니다.

탕!

한 발의 총소리와 함께 멧돼지가 비명을 지르며 바닥으로 굴렀습니다. 응칠이 쏜 총알에 멧돼지가 맞아 쓰러진 것이었습니다.

"와, 잡았다!"

포수들이 만세를 불렀습니다.

"도련님은 정말 대단하네요."

"아직 어리지만 나중에 큰 사람이 될 거예요."

사람들은 응칠을 치켜세웠습니다. 그렇지만 아버지와 할아버지는 겁도 없이 앞뒤 가리지 않고 덤벼드는 응칠의 성격을 걱정했습니다.

어느 날 할아버지가 응칠을 불렀습니다.

"부르셨어요, 할아버지?"

이제 할아버지도 많이 늙었습니다. 응칠은 그런 할아버지를 보자 마음이 아팠습니다. 세상에서 가장 사랑하는 할아버지가 점점 기운을 잃어 가는 모습이 싫었습니다.

그러나 할아버지는 그런 응칠의 마음을 아는지 모르는지 한동안 응칠을 물끄러미 바라보다가 입을 열었습니다.

"너도 많이 자랐구나. 이제 아이가 아니라 어른이라고 해도 될 것 같다. 그런데 한 가지 걱정이 있구나."

응칠은 할아버지의 얼굴을 바라보았습니다. 대체 무슨 말씀을 하시려는지 알 수 없었기 때문이었습니다.

"너는 무엇이든 열심히 하고 정성을 다하니 나무랄 데가 없는 아이다. 그렇지만 행동을 너무 가볍게 할 때가 있다. 사람은 가볍게 행동하지 않고 언제나 신중해야 한다. 그래야 실수하지 않고 나중에 후회할 일도 생기지 않는다. 그것을 잊지 말라는 뜻에서 네 이름을 무거울 중(重) 자와 뿌리 근(根) 자를 써서 '중근'이라고 새로 지었느니라. 그러니 중근이라는 묵직한 이름에 어울리는 사람이 되도록 노력해라."

"예, 할아버지."

응칠은 할아버지의 깊은 뜻이 담긴 중근이라는 이름을 고맙게 받아들였습니다.

그때부터 응칠은 중근이라는 이름으로 불렸습니다. 그러나 이름이 바뀌었다고 품성이 금세 바뀌지는 않았습니다.

어느 봄날에는 친구들과 함께 산에 갔다가 깎아지른 듯한 벼랑에 핀 꽃을 보고 그것을 꺾어 오겠다고 나섰다가 발을 헛디뎌 미끄러지기도 했습니다. 몇 십 미터 아래 절벽으로 떨어져 죽을 수도 있었습니다. 그러나 다행히 벼랑 끝에 튀어나온 나뭇가지를 붙잡고 살아났습니다.

"하마터면 네가 죽는 줄 알았어."

"어유, 정말 큰일 날 뻔했지 뭐야. 정말 위험했어."

친구들은 벼랑에 매달린 안중근에게 끈을 내려 구해 낸 뒤 가슴을 쓸어내렸습니다. 그것이 안중근의 일생에서 첫 번째로 죽을 뻔했던 사건이었습니다.

　그러나 진짜 불행한 일이 닥쳤습니다. 안중근을 가장 아끼고 사랑했던 할아버지가 세상을 떠나고 만 것입니다. 안중근은 할아버지를 잃은 슬픔이 얼마나 컸던지 몇 달 동안이나 시름시름 앓아누웠습니다.

　할아버지가 돌아가신 슬픔을 겨우 떨치고 일어섰을 때 안중근은 열여섯 살이 되어 있었습니다. 아버지는 안중근을 김홍섭의 딸 아려와 혼인시켰습니다. 이제 안중근은 어엿한 어른이 되었습니다.

생각쟁이 열린마당

갑신정변은
왜 실패했을까?

조선 후기 이후 서양의 새로운 학문과 함께 넓은 세상의 여러 가지 상황에 대해 새로 알게 된 조선의 양반 출신 젊은 지식인들은 나라가 바뀌어야 한다는 것을 깨달았다. 그런 생각을 했던 사람들을 '개화파'라고 불렀는데, 대표적인 사람으로는 김옥균, 박영효, 서광범, 서재필, 홍영식 등이 있었다. 안중근의 아버지 안태훈도 개화파의 한 사람이었다.

드디어 나라가 다른 나라와 교역을 시작했을 때 개화파는 자신들이 꿈꾸었던 개화사상을 실천해 나라를 새롭게 바꾸려고 했다.

개화파는 양반뿐만 아니라 똑똑하고 능력 있는 젊은이들을 외국으로 보내 신학문을 배우게 했다. 또 인쇄와 출판을 하는 기관을 세우고, 조선 최초의 신문인《한성순보》를 펴내기도 했다.

그런데 명성 황후와 명성 황후를 따르는 세력이 청나라를 등에 업고 나라 안에서 자신들의 권력을 지키려 했다. 개화파는 그것을 참을 수 없어 명성 황후와 청나라의 세력을 없애기 위해 난을 일으켰다. 그것이 바로 갑신정변이다. 그들이 난을 일으키면 일본군대가 와서 도와주기로 약속하고 시작한 일이었다.

　개화파는 1884년 12월 4일에 열리는 우정국 축하연 때 난을 일으키기로 결정했다. 그들은 고종 황제와 명성 황후를 다른 곳으로 옮기고 감시하게 한 뒤 수구파의 우두머리를 없앴다. 처음에는 계획한 대로 일이 잘되는 듯했다. 그들은 청나라와의 관계를 모두 끝내고 개화파 사람을 우의정, 좌의정, 포도대장 등으로 임명했다.

　하지만 갑신정변은 일어난 지 겨우 3일 만에 청나라가 끼어드는 바람에 실패로 끝났다. 도와줄 줄 알았던 일본은 오히려 모른 척했다. 결국 개화파들은 일본이나 다른 나라로 도망치는 신세가 되었다.

　개화파는 쓰러져 가는 나라를 되살리기 위해 갑신정변을 일으켰지만 고종 황제와 명성 황후를 압박하는 등 지나치게 과격한 행동을 했다. 게다가 백성들은 갑신정변에 대해 잘 알지 못했기에 공감을 할 수 없었다. 더구나 나라의 주권을 확실히 다지기 위해 시작했던 갑신정변 때문에 나중에 동학 농민 운동이 일어났을 때 일본군대가 들어오도록 만들었다.

　갑신정변이 실패한 뒤 일본은 이토 히로부미로 하여금 청나라와 '톈진 조약'을 맺게 했다. 톈진 조약의 내용은 뒷날 조선에 변란이나 중대한 사건이 일어나 청나라와 일본 가운데 어느 한쪽이 군대를 보내게 될 때에는 그

사실을 반드시 서로에게 알린다는 것이었다.

그 때문에 일본은 조선에 어떤 문제가 생기면 청나라와 함께 군대를 보낼 수 있는 명분을 얻었다. 그리고 10년 뒤 동학 농민 운동이 일어나자 곧바로 군대를 보내 조선 침략의 흉악한 손길을 뻗었다.

도마 안중근으로 다시 태어나다

동학 농민 운동

안중근이 혼인을 한 그해에 우리나라에는 동학 농민 운동*이 일어났습니다. 동학은 서양에서 들어온 가톨릭교*에 맞서 1860년에 최제우가 만든 우리나라의 종교로 '동쪽의 땅, 즉 한국의 종교'라는 뜻이 있습니다. '모든 사람은 곧 하늘'이라는 주장에 많은 사람들이 동학을 믿었습니다.

대부분 농민과 천하고 낮은 신분의 사람들이 동학을 믿었습니다. 오랜 세월 동안 신분 때문에 차별받고 괴롭힘을 당했던 사람들이 모두가 평등하다고 주장하는 동학에 빠져 드는 것은 당연한 일이었습니다.

그런데 동학을 따르는 사람들 가운데에는 그동안 빼앗기고 억눌려 왔던 것을 분풀이라도 하듯 난폭한 일을 일삼는 사람들이 생겨났습니다.

동학군이라는 이름을 걸고 아무 죄 없는 농민이나 다른 사람들의 재물과 재산을 빼앗으며 온갖 못된 짓을 일삼았습니다. 못된 벼슬아치나 부자들의 곡식 창고를 털었을 뿐만 아니라 백성들의 곳간까지 털고 마음대로 짓밟았습니다.

이 모든 것은 바로 나라가 든든히 서지 못하고 안팎으로 어지러웠기 때문이었습니다. 나라에서는 전혀 손을 쓰지 못하고 쩔쩔맬 수밖에 없었습니다. 전라도 지방에서 일어난 동학군의 세력은 가난으로 찌들고 굶주린 사람들이 몰려들어 점점 규모가 커져 어느새 북쪽인 황해도까지 이르렀습니다.

그런데 그 당시에 황해도 지방에서는 하늘 아래 모든 사람이 평등하다는 동학의 뜻이 사라지고 거칠고 무자비한

동학 농민 운동 1894년 전라도 고부의 동학 접주 전봉준을 지도자로 하여 동학도와 농민들이 함께 일으킨 농민 운동. 청나라와 일본이 끼어드는 바람에 실패함.

가톨릭교 예수 그리스도를 믿으며 로마 교황을 우두머리로 하는 로마 가톨릭교와 그로부터 독립한 그리스 정교로 나누어짐.

동학 교주 최제우 천주교와 유교, 불교 등의 좋은 점을 결합해 새로운 종교인 동학을 창시하고 제1대 교주를 지냈다.

폭도 집단으로 폭력적인 행위를 일으킨 무리.
감영 조선 시대 각 도의 으뜸 벼슬인 관찰사가 일을 하던 기관.

폭도로 변해 심지어는 서로 싸우기까지 했습니다.

동학군이 쳐들어온다는 소식에 황해도 감영에서는 크게 당황했습니다. 조정에 보고해 봤자 다른 곳도 모두 형편이 어려운 상황이라 도움을 기대할 수 없었습니다. 할 수 없이 동학군에게 그나마 있는 것을 모두 털려야 하는 지경에 이르렀습니다.

"대체 이 일을 어쩌면 좋을까? 벌써 동학군이 코앞에 닥쳤는데……."

황해 감사는 크게 걱정하다가 문득 머릿속에 떠오르는 사람이 있었습니다. 바로 탄탄한 재력으로 많은 포수를 거느리며, 주위 사람들에게 존경받는 안중근의 아버지, 안태훈 진사였습니다.

황해 감사는 당장 안태훈에게 편지를 보냈습니다.

'안 진사, 지금 동학군이 황해도 감영으로 쳐들어와 난동을 부리려 하고 있소. 안 진사는 포수를 많이 거느리고 있으니 동학군을 막는 데 힘을 보태 주시오.'

안태훈 역시 황해도 지방의 동학군은 문제가 있다고 생각하던 차였습니다. 그래서 포수들을 모아 동학군을 진압하기 위한 토벌대를 조직했습니다.

안태훈 집에는 순식간에 70여 명의 포수와 400여 명의 젊고 힘이 센 남자들이 모여들었습니다. 그들은 안태훈이 마련한 총과 화약으로 단단히 무장하고 동학군에 맞설 준비를 하고 있었습니다.

드디어 전투를 며칠 앞둔 어느 날, 안중근이 안태훈에게 말했습니다.

"아버지, 저도 전투에 나가고 싶어요."

안태훈은 고개를 저었습니다.

"넌 아직 어려서 너무 위험하다."

"저는 다른 어떤 포수들보다 총을 잘 쏠 수 있어요. 게다가 이제는 혼인까지 한 어른이에요. 그러니 전투에 끼워 주세요."

"허허, 이 위험한 일에 끼겠다니 기특하구나. 하긴 이 근처에서 네 총 쏘는 실력을 따라갈 사람이 없는 것도 사실이지. 하지만 이 일은 몹시 위험하다. 그러니 참가하더라도 늘 조심해야 한다. 알겠느냐?"

"예, 조심하겠습니다."

안중근은 겨우 떨어진 허락에 기뻐하며 전투 준비를 하고 있던 토벌대 틈에 끼었습니다. 드디어 2000명이 넘는 동학군과 전투가 시작되었습니다. 날이 어두워지자, 안태훈은 안중근과 여섯 명의 사람들에게 동학군의 움직임을 살피고 오라고 명령했습니다. 안중근이 조심조심 동학군 가까이 가 보니 숫자는 많았지만 모두 오합지졸이었습니다. 그들은 원래 농민이었으니 군인으로서 정규 교육을 받지 못한 것이 당연한 일이었습니다.

오합지졸 까마귀가 모인 것처럼 질서가 없이 모인 병졸이라는 뜻으로, 갑자기 모여들어서 규율이 없고 무질서한 병졸 또는 많은 사람의 무리를 이르는 말.

안중근이 함께 간 포수들에게 말했습니다.
"우리가 지금 기습 공격을 하면 동학군들은 모두 줄행랑칠 테니 기습 공격합시다."
하지만 함께 간 사람들은 고개를 저었습니다. 그러기에

는 동학군의 수가 너무 많다고 판단했습니다.

"아무리 그래도 우리는 겨우 일곱 명이오. 일곱 명이 몇 백 명의 동학군과 맞선다는 것은 목숨이 위태로운 일이오. 저들이 아무리 오합지졸이라고 하더라도 말이오."

"나를 알고 적을 알면 이긴다고 하지 않았소? 우리 일곱 명이 힘을 모아 싸우면 반드시 저들을 이길 수 있을 것이오."

안중근은 다른 사람들이 반대하는데도 총을 겨누고 동학군을 향해 쏘기 시작했습니다. 동학군은 허둥지둥 도망치기에 바빴습니다.

얼마 뒤 동이 트고 나서야 동학군은 안중근 일행의 수가 아주 적다는 것을 알고 되돌아서서 공격해 왔습니다. 안중근을 비롯해 일곱 명의 사람들은 피하려 했지만 마땅히 숨을 곳이 보이지 않았습니다. 그들은 이제 죽음이 눈앞에 다가왔다고 생각했습니다.

그때 동학군의 등 뒤에서 요란한 총소리가 울리며 고함 소리가 쏟아졌습니다. 안태훈의 토벌대가 밀물처럼 몰려와 안중근 일행을 도운 것이었습니다.

마침내 안태훈의 토벌대는 동학군을 물리쳤습니다. 동학군 몇 십 명이 목숨을 잃었습니다. 동학군이 허둥지둥 팽개치듯 버리고 간 것들 가운데에는 많은 무기와 말 그리고 1000포대나 되는 군량미가 있었습니다.

안태훈은 싸움에서 이겼다는 소식을 황해도 감영에 알리는 한편 전리품으로 얻은 쌀을 사람들에게 나누어 주었습니다.

군량미 군대에서 군인들의 양식으로 쓰는 쌀.
전리품 전쟁이 일어나 서로 싸울 때 적군에게서 빼앗은 물품을 말함.

당시 안태훈은 동학 접주로 활동하다가 뜻이 맞지 않아 동학군에서 뛰쳐나온 청년 김구를 보살펴 주기도 했습니다.

독립운동의 두 기둥인 김구와 안중근이 처음 만나게 된 역사적인 순간이었습니다.

가톨릭교와의 만남

결국 동학 농민 운동은 실패로 끝났습니다. 이제 안중근이 살던 청계동에도 평화가 찾아오는 듯했습니다. 그런데 뜻하지 않게 안태훈이 몸을 피해야 할 일이 생겼습니다. 동학군을 물리치고 얻은 엄청난 양의 군량미 때문이었습니다.

동학군을 무찌르고 나서 얼마 뒤 안태훈 집으로 두 사람이 찾아왔습니다. 그들은 안태훈에게 동학군의 우두머리가 잡혔다는 소식을 전했습니다.

"이제 한시름 놓겠군요. 정말 다행이오."

안태훈의 말에 손님 가운데 한 사람이 말했습니다.

"그런데 안 진사, 그때 잡힌 동학군 우두머리가 자기들이 갖고 있던 군량미를 안 진사에게 빼앗겼다고 말했다고 합니다. 사실 그 군량미는 탁지부˚ 대신˚ 어윤중과 선혜청˚ 당상˚ 민영준 대감의 창고에 있었는데, 동학군이 빼앗아 갔지요. 이제 그 우두머리가 잡혔으니 두 대감은 빼앗겼던 쌀을 돌려받겠다고 합니다."

안태훈은 손님들의 말에 몹시 화가 났습니다.

"뭐라고? 어째서 그것이 어윤중 대감과 민영준 대감 것이란 말이오? 나는 정당하게 동학군을 이겨서 빼앗아 함께 싸운 사람들에게 모두 나눠 주었소. 그래서 쌀이 한 톨도 없소."

"하지만 원래 그 쌀은 두 대감 것이니 안 진사가 돌

탁지부 대한 제국 때 나라 재정을 맡아보던 중앙 관청.

대신 조선 고종 31년(1894년) 이후에 둔, 국무대신이 나랏일을 보던 최고 관아인 내각의 각 부서를 맡아보던 으뜸 벼슬.

선혜청 조선 시대에 백성이 국가에 바치던 쌀과 천 따위를 거두고 관리하는 일을 맡아보던 관청.

당상 조선 시대 정삼품 상(上) 이상에 해당하는 벼슬을 이르는 말.

려주어야 합니다. 안 그러면 두 대감이 가만히 있지 않을 것입니다."

"쌀을 사람들에게 나눠 주었다고 하지 않았소? 그런 억지는 부리지 마시오!"

안태훈은 화가 나서 소리치면서 손님들을 돌려보냈습니다. 얼마 뒤 한양에서 안태훈과 가까이 지냈던 사람이 편지를 보냈습니다. 어윤중 대감과 민영준 대감이 안태훈이 자신들의 쌀을 빼앗아 군사를 훈련시켜 조정을 공격하러 올지도 모른다고 임금에게 모함*했다는 소식이었습니다.

"어째서 이런 말도 안 되는 일이 생긴단 말인가!"

화가 난 안태훈은 당장 사실을 알아보려고 한양으로 갔습니다. 그리고 사태를 정확히 판가름하기 위해 재판*을 받기로 했습니다.

그러나 재판은 옳고 그름이 제대로 따져지지 않고 한 번, 두 번, 세 번 연거푸 열리기만 하면서 좀처럼 끝나지 않았습니다.

그러던 중 재판을 받던 어윤중 대감이 벼슬을 잃고 고향으로 가다가 백성들이 던진 돌에 맞아 죽는 일이 생겼습니다. 무서운 일이었지만 안태훈에게는 다행스러운 일이었습니다.

그렇지만 아직 마음을 놓기에는 일렀습니다. 다른 한 사람인 민영

> **모함** 나쁜 꾀로 남을 어려운 처지에 빠지게 함.
> **재판** 소송 사건을 해결하기 위해 법적인 절차에 따라 법정에서 재판관이 옳고 그름을 가리는 일.

준 대감은 조정에서도 세도˚ 있는 사람으로 유명했는데, 안태훈과 같은 개화파 사람을 무척 싫어했습니다. 그래서 끝내 안태훈을 잡아 가두고 혼을 내고 싶어 했습니다.

세도 정치적인 권세 또는 권세를 함부로 휘두르는 일.
포교 어떤 종교를 많은 사람들에게 널리 알리는 행위를 말함.

'허허, 참 걱정이군. 내가 가진 논밭을 다 팔아도 그 많은 쌀을 마련하기 힘들 텐데⋯⋯.'

고민하던 안태훈은 잠시 한양을 떠나 다른 곳으로 도망쳐야겠다고 생각했습니다. 그래서 숨을 곳을 찾다가 서양 신부가 있는 가톨릭교회를 찾아갔습니다. 가톨릭교회에서는 아무 말 없이 안태훈을 숨겨 주고 보살펴 주었습니다.

안태훈은 원래부터 서양의 앞선 문물에 관심이 많았기에 가톨릭교회에 숨어 있는 몇 달 동안 가톨릭교를 받아들이고 성서를 열심히 읽었습니다.

얼마 뒤 청계동으로 돌아올 무렵에는 청계동 사람들에게 포교˚할 만큼 믿음이 깊은 가톨릭교 신자가 되어 있었습니다.

외국인 신부의 가르침

안태훈에게 가톨릭교의 교리를 가르쳐 주고 믿음을 준 사람은 프

신부 가톨릭이나 성공회 등에서 성직자에 대한 일반적인 호칭. 미사를 집행하고 성서를 강의하는 등의 일을 맡음.

전도 다른 사람에게 자신의 종교를 믿도록 설득하거나 권유하는 일.

랑스 신부 요셉 빌렘이었습니다. 한국 이름이 홍석구였는데 안태훈이 청계동으로 돌아간 뒤 그곳에 천주교 신자가 부쩍 늘어나자 청계동으로 와서 성당을 세우고 전도하기 시작했습니다. 청계동의 많은 사람들이 안태훈의 권유에 따라 가톨릭교를 믿었습니다.

그 무렵 열여덟 살인 안중근은 친구들과 함께 어울려 술을 마시며, 노래하고 춤추는 것을 좋아하는 혈기 왕성한 젊은이가 되어 있었습니다. 그는 총을 쏘아 사냥하고, 날쌘 말을 타고 달리는 것을 즐겼습니다.

안중근은 훌륭한 사람이 있다고 하면 어디든 달려가 살펴보고 괜찮은 사람이라고 생각되면 사귀었습니다. 또 옳지 않은 일을 하는 사람을 보면 앞뒤 가리지 않고 덤벼들어 야단쳤습니다. 그래서 친구들은 안중근을 '번개 입'이라고 불렀습니다.

어느 날 안중근은 친구들과 함께 산에 가서 노루 사냥을 했습니다. 그런데 총알이 총구멍에 걸려서 쏘아지지 않았습니다.

"어, 이것 참! 왜 이러지?"

안중근은 총구멍을 쇠꼬챙이로 마구 쑤셨습니다.

그때 '쾅!' 하는 소리와 함께 총알이 폭발하면서 안중근의 손을 뚫고 나갔습니다. 얼마나 놀랐던지 그 일은 안중근에게 오랫동안 잊히지 않는 끔찍한 기억으로 남았습니다.

이렇게 혈기 왕성한 안중근에게 가톨릭교는 매우 새롭게 다가왔습니다. 안중근은 가톨릭교의 교리를 기꺼이 받아들이고 홍석구 신부를 도와 마을을 돌아다니며 전도했습니다. 안중근이 사람들에게 열성적으로 가톨릭교의 교리를 이야기하면 사람들은 선뜻 마음을 열었습니다.

한편 안중근은 밤에 홍 신부에게 프랑스 어를 배웠습니다. 홍 신부는 프랑스 어뿐 아니라 서양의 발달한 문명과 역사, 과학에 대해서도 가르쳐 주었습니다.

안중근은 서양의 앞선 문물을 배우면서 많은 깨달음을 얻었습니다. 우리나라가 놓여 있는 어렵고 힘든 상황에 대해서도 차츰 눈을 뜨게 되는 계기가 되었습니다.

그렇게 열심히 전도하고 프랑스 어를 공부하는 동안 가톨릭교회는 점점 더 커져 신자가 몇 만 명에 이르렀습니다.

안태훈은 청계동에 황해도에서 두 번째로 성당을 지었습니다.

안중근의 신앙도 점점 깊어져 드디어 도마(토머스)라는 세례명을 받았습니다. 선교사들에게 배운 지

세례명 가톨릭교에서 세례를 받는 사람에게 성경에 나오는 인물이나 성인의 이름을 따서 새로 붙여 주는 이름.

선교사 외국으로 나가 자신이 믿고 있는 종교를 널리 알리는 사람.

식으로 우리나라뿐 아니라 세계의 여러 가지 상황을 제대로 볼 수 있었습니다. 그러면서 일본이 어떤 목적으로 우리나라를 탐내는지 알게 되었습니다. 안중근의 마음은 분노로 가득 찼습니다.

  '우리는 아무것도 모르고 있어. 그러니 일본이 우리를 넘보고 있지. 나라가 망하는 것도 깨닫지 못하는 백성들에게 깨우침을 주어야 해. 먼저 전도를 하고, 우리나라를 스스로 지킬 수 있도록 그들의 눈을 뜨게 해 주어야 해.'

  안중근은 다급한 마음으로 곳곳을 돌아다니며 가톨릭교를 널리 알렸습니다.

생각쟁이 열린마당

매국노들의 선택

1910년에 한일 병합을 하자 우리나라는 일본에게 통치권, 외교권 등의 모든 권리를 빼앗겼다. 한일 병합의 결과로 일본은 순종 임금에게 '양국의 조칙'을 발표하도록 했다. '양국의 조칙' 첫 번째가 바로 우리나라의 통치권을 일본에게 영원히 넘겨준다는 것이었다. 그렇게 해서 조선 왕조는 세워진 지 518년 만에 막을 내렸다. 또 대한 제국이라는 나라도 사라졌다.

일본이 우리나라에서 이득을 챙기는 데에는 앞잡이 노릇을 했던 우리나라 사람들이 있기 때문이었다. 일본의 앞잡이가 되어 나라를 팔아넘긴 사람을 '매국노'라고 한다. 대표적인 매국노로는 일본이 강제로 맺은 을사조약 때 앞장서서 서명한 을사오적을 꼽을 수 있다. 을사오적에는 외부대신 박제순, 내부대신 이지용, 군부대신 이근택, 학부대신 이완용, 농상공부대신 권중현이 있다.

이들은 을사조약을 맺은 뒤에도 우리나라 국민의 재산을 일본 사람들의 손에 들어가게 하는 등 일본을 위해 많은 일을 했다. 그 결과 일본 왕에게서 백작이나 자작 등의 벼슬을 받고, 그에 따르는 엄청난 돈이나 물건을 받았다.

이런 매국노 문제는 나라가 해방을 맞으면서 모두 해결되는 듯했다. 일본 편에 섰던 매국노에 대한 재판이 열려 벌을 내렸기 때문이다. 그러나 매국노에 대한 처리는 완전하지 못했다. 그 뒤로도 매국노의 후손들은 조상

이 일본 사람을 위해 일하고 모아 놓은 엄청난 재산으로 호화롭게 살았기 때문이다. 반대로 독립운동가의 후손은 가난하게 살았다. 때로는 한국 국적도 얻지 못한 채 다른 나라를 떠돌며 굶주림에 떨거나 우리나라에 돌아왔다 하더라도 비참한 생활을 할 수밖에 없었다.

결국 그런 사실이 알려지면서 매국노들이 일본을 돕는 데 앞장선 대가로 받은 재산을 빼앗아야 한다는 주장이 생겨났다. 친일파 매국노의 재산을 되돌려 받으려고 나라가 나섰다. '친일파 재산 환수법'을 만들어 이완용이나 송병준과 같은 대표적인 친일파에서부터 알려지지 않았지만 일본을 도왔던 매국노들에게서 재산을 되돌려 받는 일이 이루어지고 있다.

의협심 강한
대한의 장부, 안중근

의협심 강한 젊은이

밤낮으로 열심히 전도한 끝에 많은 사람들이 가톨릭교를 믿었습니다. 그렇지만 안중근은 가톨릭교를 널리 알리는 것만으로는 만족스럽지 않았습니다.

'백성들에게 교육을 시켜야 해. 그래야 다른 나라에게 휘둘리지 않고 강해질 수 있어. 하지만 어떻게 하면 되지? 내가 뭘 할 수 있을까? 학교를 세우려면 어떻게 해야 할까? 내가 할 수 있을까?'

많은 생각 끝에 안중근은 홍석구 신부를 찾아가 고민을 털어놓았습니다. 안중근의 말을 들은 홍 신부는 자기 일처럼 기뻐하며 대답했습니다.

"도마, 정말 좋은 생각이오. 당장 힘을 모아 학교를 세워요. 나도 힘껏 돕겠소. 그리고 한양으로 가서 주교님과 의논하면 더 좋은 의견을 주실 거요."

안중근과 홍 신부는 희망에 부풀어 한양으로 가서 주교를 만났습니다. 민 주교라고 불리는 뮈텔 주교는 우리나라 가톨릭교 지도자들 가운데 가장 높은 사람이었습니다.

주교 가톨릭교를 지역적으로 나누는 한 단위인 교구를 맡고 있는 사제.

"주교님, 우리 조선 사람들이 교육을 많이 받는다면 나라에 큰 힘이 될 것입니다. 그러니 학교를 세우고 서양 수사회에 계시는 훌륭한 분들을 모셔서 똑똑하지만 기회를 얻지 못한 학생들이 가르침을 받을 수 있도록 도와주세요."

그렇지만 뜻밖에도 민 주교는 안중근의 말에 고개를 저었습니다.

"나는 그렇게 생각하지 않습니다. 조선 사람들이 학문을 익히면 분명히 하느님을 믿는 일에 소홀해질 것이오. 그러니 교육을 시키겠다는 말은 아예 꺼내지도 마시오. 더구나 조선은 아직 대학을 세울 만한 나라가 아니오."

민 주교의 말은 너무나 뜻밖이었습니다.

안중근은 휘둥그레진 눈으로 민 주교를 바라보다가 입을 열었습니다.

"그렇지 않습니다. 배운 사람이 많아야 천주님의 말씀도 더 많이 알릴 수 있습니다. 그러니 주교님께서 도와주십시오."

천주 가톨릭교에서 하느님을 가리키는 말. 천지의 창조주이며 전지전능한 존재.

안중근이 아무리 열심히 설명해도 민 주교는 고개를 저었습니다. 안중근은 실망만 가득 안고 청계동으로 돌아왔습니다. 민 주교에 대한 분노로 가득 차서 돌아오는 길에 생각했습니다.

'우리를 도와준다는 주교님마저도 우리나라 사람들이 똑똑해지는 것을 바라지 않는다니 정말 안타까운 일이다. 그래, 주교님도 외국 사람일 뿐이었어. 외국 사람에게 우리나라를 살릴 방법을 물은 것이 어리석었지. 하느님의 말씀과 진리는 따라야겠지만 외국 사람의 마음을 믿어서는 안 되겠구나. 그들은 우리나라 사람에게 꼭 필요한 것이 무엇인지 제대로 알려고 하지 않아. 자신들의 목적만 이루면 되는 거였어.'

안중근의 마음은 씁쓸함으로 가득했습니다.

안중근은 얼마 뒤 홍 신부를 찾아갔습니다.

"신부님, 프랑스 어를 그만 배우겠습니다."

"아니, 왜요?"

"일본 말을 배우면 일본의 종이 되고, 영어를 배우면 미국이나 영국의 종이 될 것이 분명하다는 생각이 들었기 때문입니다. 저는 이

제 프랑스 어를 배우려고 애쓰기보다는 우리나라를 위해 온 힘을 쏟을 생각입니다. 그렇게 노력해서 힘을 기를 수 있다면 오히려 외국 사람들이 우리나라의 말과 글을 배우러 오겠지요. 아니, 제가 꼭 그렇게 되도록 만들겠습니다."

홍 신부도 더는 프랑스 어 공부를 계속하라고 말하지 못했습니다. 안중근의 말이 옳기 때문이었습니다.

안중근은 이제 어엿한 어른이 되어 주위 사람들의 믿음을 얻고 있었습니다. 여전히 성격이 불같았지만 옳지 않은 일이 있을 때 참지 않고 고치려 드는 의협심˚ 덕분에 많은 사람들에게 존경받았습니다.

하루는 가까이에 있는 금광˚에서 감독을 맡고 있는 사람이 가톨릭교회를 헐뜯고 다녀 피해를 입는 일이 생겼습니다. 그러자 교회 사람들은 안중근을 대표로 뽑아 이 일을 해결하도록 부탁했습니다.

안중근은 당장 금광의 감독을 찾아가 일의 옳고 그름을 따졌습니다. 금광의 감독은 대꾸하지 못하고 고개를 숙였습니다.

그런데 갑자기 광산에서 일하는 광부들이 잔뜩 흥분해 몽둥이와 돌멩이를 들고 안중근에게 우르르 달려왔습니다. 감독에게 따져 묻는 안중근을 혼내 주기 위해서였습니다.

> 의협심 남의 어려움을 돕거나 억울함을 풀어 주기 위해 자신을 희생하려는 정의로운 마음.
> 금광 금을 캐내는 광산.

안중근은 몹시 당황했지만 침착하게 허리에 차고 있던 단도를 빼 감독에게 겨누었습니다. 그러자 감독은 겁에 질려 사람들에게 물러나라고 말하고는 잘못을 빌었습니다. 그러면서 다시는 가톨릭교회를 욕하거나 흉보지 않겠다고 약속했습니다.

또 하루는 가톨릭교인 한 사람이 한양에 사는 김 참판에게 재산을 빼앗겼다며 안중근에게 도와 달라고 부탁했습니다. 안중근은 당장 한양으로 달려가 김 참판을 만났습니다.

"저는 시골에 사는 사람이라 어리석어 가르침을 받고자 왔습니다. 만약 한양에 사는 높은 관리가 시골 백성의 재산을 빼앗았다면 그것을 어떻게 처리해야 하겠습니까?"

> **참판** 조선 시대에 이조, 호조, 예조, 병조, 형조, 공조에 둔 종2품 벼슬.

그러자 김 참판이 물었습니다.

"혹시 그 벼슬아치란 나를 가리키는가?"

안중근이 당당히 대답했습니다.

"그렇습니다. 나리께서는 대체 왜 힘없는 백성의 재산을 빼앗고 돌려주지 않으십니까?"

안중근의 당당한 말에 김 참판은 어물어물 말했습니다.

"험 험, 그게 내가 지금 돈이 없어서 그렇다네. 나중에 갚을 걸세."

"이렇게 좋은 집에서 사는 분이 그깟 돈 5000냥이 없다는 말씀이

십니까? 누가 그 말을 믿겠습니까?"
안중근의 당돌한 말에 김 참판 옆에 있던 사람이 나섰습니다.
"어째 나이도 젊은 녀석이 연세 많으신 참판 어른께 예의 없이 구느냐?"
그 사람은 한성부 재판부에 있는 검사였습니다.
안중근은 조금도 굽히지 않고 당당하게 말했습니다.
"나라를 다스리는 벼슬아치가 백성의 돈을 하찮게 여기고 갚지 않는다니 나라의 앞날이 걱정스럽습니다. 더구나 나리께서 재판부 검사라니 이 문제를 한번 따져 보시면 어떻겠습니까?"
안중근의 거침없는 말에 김 참판이 며칠 안에 꼭 돈을 갚겠다고 다짐했습니다. 그제야 안중근은 당당하게 김 참판 집을 나섰습니다.
그 뒤로도 안중근은 여러 차례 형편이 어려운 사람을 도왔습니다. 그러다가 자신의 목숨까지 위태로운 적도 있었지만 남을 돕는 일을 마다하지 않았습니다.

중국으로 떠나다

안중근이 의협심 강한 젊은이로 이름을 떨치고, 첫딸을 얻어 이름을 '현생'이라고 지었을 무렵에도 나라의 형편은 자꾸 기울어 갔습니다.

러시아도 일본도 아닌 우리나라 한가운데에서 러일 전쟁*이 일어났습니다.

일본 사람들은 명성 황후를 무참히 죽이고 우리나라를 완전히 차지하기 위해 러시아와 전쟁을 벌였습니다. 그렇지만 임금을 비롯한 조정의 대신들은 아무런 대책도 세우지 못하고 그저 일본이나 러시아에 끌려 다니거나 자신의 욕심을 채우느라 바빴습니다. 조정 안의 어느 누구도 나라를 바로 세우려 하는 사람이 없는 듯했습니다.

더구나 러일 전쟁에서 이긴 일본은 우리나라의 군사권과 정치, 경제, 외교권을 자기들 멋대로 빼앗고 그것을 사실로 확인하기 위해 한일 협약*을 맺도록 했습니다. 고종 황제는 그것만은 피하고 싶어 했지만 일본의 앞잡이 노릇을 했던 몇몇 대신이 조약을 맺어 버렸습니다. 그것이 을사조약*이었습니다.

을사조약이 강제로 맺어지자 나라 안 모든 백성들은 통곡하며 주저앉았습니다. 글 한 자 모르는 백성이라도 을사조약이 무엇인지는 알았습니다.

《황성신문》의 주필*이었던 장지연* 선생은 나라의 주권을 잃은 슬

러일 전쟁 1904년에 한반도와 만주에 대한 지배권을 둘러싸고 러시아와 일본 사이에 일어난 전쟁. 이 싸움에서 일본이 이김.

한일 협약 1904년에 일본이 우리나라와 강제로 맺은 협정. 외교 및 재정에 일본 정부가 추천한 일본 사람과 외국 사람을 고문으로 쓸 것과 일본의 허락 없이 다른 나라와 협약을 맺지 말 것 따위를 규칙으로 정함.

을사조약 1905년에 일본이 조선의 외교권을 빼앗기 위해 강제로 맺은 조약.

주필 신문사에서 행정이나 편집을 책임지는 사람.

장지연(1864~1921) 조선 고종 때의 언론인으로 을사조약이 맺어지자 '시일야방성대곡'이라는 글을 써서 일본의 나쁜 짓을 동포들에게 알리고 호소함.

사직 조선 시대에 나라 또는 조정을 이르는 말.

단군 우리 민족의 시조로 받드는 임금. 신화에 따르면 환웅과 웅녀 사이에 태어나 기원전 2333년 아사달에 도읍을 정하고 고조선을 세워 약 2000년 동안 나라를 다스렸다고 함.

기자 원래 중국 고대에 은나라 사람인데 주나라 무왕이 은나라를 빼앗자 고조선에 망명하여 기자 조선을 세웠다고 함.

품을 글로 썼습니다.

"아, 4000년의 이 땅과 500년의 사직을 남에게 들어 바치고, 2000만 백성들로 하여금 남의 노예가 되게 했으니, 저 개돼지보다 못한 외부대신 박제순과 각 대신들이야 깊이 꾸짖을 것도 없다……. 아! 원통한지고, 아! 분한지고. 우리 2000만 동포여, 노예 된 동포여! 살았는가, 죽었는가? 단군, 기자 이래로 4000년의 역사가 하룻밤 사이에 덧없이 사라지고 말 것인가. 원통하고 원통하다. 동포여! 동포여!"

《황성신문》은 그런 울분에 찬 글을 실었다는 이유로 당장 폐간당했습니다.

언제나 빠짐없이 신문을 읽으며 정세를 살피던 안중근은 이런 우리나라 형편에 몹시 가슴이 아팠습니다. 그는 더 이상 가만히 있어서는 안 되겠다고 생각하고 홍석구 신부를 찾아갔습니다.

"신부님, 우리나라 안에서 일본 사람들과 러시아 사람들이 전쟁을 하고 그 싸움에서 이긴 일본 사람들이 마치 이 나라가 자신들의 나라인 듯 행세하고 있습니다."

"나도 알고 있어요. 도마, 나라의 형편이 정말 어려운 상황이지요."

"대한 제국의 국모까지 죽인 일본 사람들도 나쁜 놈이고, 황제 폐하를 모셔다 자기들 마음대로 하려 했던 러시아 사람들도 나빠요. 그런데도 조정의 대신들은 자기 살 궁리만 하고 있으니 나라가 제대로 될 리 없지요. 얼마 전에는 우리나라의 외교권을 일본에 넘긴다는 을사조약을 맺었답니다."
홍 신부가 고개를 끄덕이며 말했습니다.
"이토 히로부미가 일본이 만든 조선 통감부 통감이 되어서 왔다더군요. 결국 조선이 일본의 식민지가 되는 거예요."

국모 '나라의 어머니'라는 뜻으로 임금의 어머니나 아내를 이르는 말.
조선 통감부 일본이 우리나라를 완전히 차지할 목적으로 경성에 세웠던 기관.
통감 통감부의 장관으로 황제 밑에 한 명을 두었고, 외교에 대한 모든 것을 맡고 황제를 직접 만날 수 있었음.
식민지 정치적·경제적으로 다른 나라의 지배를 받으며 국가로서의 권리와 기능을 잃어버린 나라.

"신부님, 저는 이런 세상에서 살고 싶지 않습니다. 아버지는 이 일로 충격을 받아 병들어 누우셨어요. 앞으로 일본 사람들은 우리나라 땅에서 더 활개를 치고 다닐 거예요. 그래서 저는 가족을 모두 이끌고 중국으로 갈까 합니다."
안중근의 말에 홍 신부는 깜짝 놀라 눈을 크게 뜨고 물었습니다.
"아니, 도마! 중국에 가서 무엇을 하려고요?"
"앞으로 일본 사람들이 더 심하게 간섭할 거예요. 그러니 좀 더 자유로운 중국으로 가서 그곳에 있는 조선 사람과 중국 사람의 마음을 합쳐 일본에 맞설 힘을 기르고 싶어요. 병들어 누워 계신 아버지를 위해서라도 나라 구하는 일에 발 벗고 나서야 합니다."

홍 신부가 고개를 끄덕였습니다.

르각 신부의 가르침

얼마 뒤 안중근은 가족들에게 나라를 떠날 준비를 해 놓으라고 이르고는 먼저 중국으로 떠났습니다. 미리 가서 중국의 상황을 살펴보기 위해서였습니다.

안중근은 가까운 중국 산둥으로 갔습니다. 산둥은 우리나라에서 뱃길로 금세 닿는 곳이어서 조선 사람이 많이 살고 있었습니다. 그렇지만 산둥의 조선 사람들은 조국의 독립에 대해 관심이 없었습니다.

'어떻게 자기 나라가 다 망해 쓰러져 가는데 이렇게 무심하게 자기들만 먹고살 궁리를 하지? 이래서 우리나라가 이 지경이 되었나?'

안중근은 안타까운 마음을 안고 상하이로 발길을 옮겼습니다. 그러나 서양식으로 바뀐 상하이에는 조선 사람이 많지 않았습니다.

'그래도 어딘가에 우리 조선 사람들이 있을 거야. 좀 더 샅샅이 찾아보자.'

안중근은 상하이 거리를 여기저기 돌아다니며 조선 사람들이 있는지 살폈습니다. 그러다 문득 누군가가 했던 말이 떠올랐습니다.

'참, 이곳에 민영익 대감이 망명해서 머물고 있다고 했지? 그를 찾아가 보자.'

안중근은 민영익 대감을 찾아갔습니다. 민영익 대감은 명성 황후의 친척으로 처음에는 개화파와 뜻을 같이했지만 나중에는 수구파로 돌아선 사람이었습니다.

'수구파든 개화파든 나라를 사랑하는 사람이라면 나를 만나 나라의 앞날을 걱정하겠지.'

안중근은 그런 생각을 갖고 민영익 대감을 찾아갔습니다. 그러나 민영익 대감은 안중근을 만나려 하지 않았습니다. 조선 사람이라면 무조건 만나지 않는다고 했습니다.

'이럴 수가! 조국은 어려움에 빠졌는데 높은 관리라는 사람이 이렇게 나 몰라라 하고 자신만 잘살 궁리를 하다니…….'

안중근의 마음은 무거운 돌덩이를 얹은 듯했습니다. 나라를 위해

안중근의 부인 김아려와 차남 준생, 장녀 현생

망명 혁명 또는 그 밖의 정치적인 이유로 자기 나라에서 박해를 받거나 위험에 빠진 사람이 이를 피하기 위해 외국으로 떠남.

중국에서 무언가 큰일을 하고 싶었지만 뜻대로 되는 것이 없는 듯했습니다.

발걸음을 돌리려던 안중근은 화가 나서 민영익 대감의 집 대문 앞에서 소리를 질렀습니다.

"그대가 조선 사람이면서 조선 사람을 만나지 않는다면 대체 어느 나라 사람을 만날 것인가? 더구나 그대는 나라에서 여러 대에 걸쳐 녹˚을 먹은 신하가 아닌가? 나라가 이처럼 어려운데 그대는 나라와 백성은 생각하지 않고 편히 베개 베고 누워 조국의 흥망˚을 잊고 있다니 세상에 어찌 이런 일이 있을 수 있단 말인가!"

다음으로 안중근이 찾아간 사람은 서상근이었습니다. 서상근은 돈이 많은 사람이었으나 다 쓰러져 가는 나라를 위해 함께 고민해 보자는 안중근의 제의를 거절했습니다.

녹 나라가 관리에게 일 년 또는 계절 단위로 나누어 주던 돈이나 물건을 모두 이르는 말.

흥망 잘되어 번창하는 것과 잘못되어 망하는 것.

"여보시오, 조선의 일을 말하지 마시오. 나는 관리에게 큰돈을 빼앗기고 이렇게 도망 와 있는 처지라오. 그러니 나라가 되어 가는 형편 따위 나와는 상관없소."

'정말 어이없는 일이다. 어떻게 자신의 나라가 어찌 되든 상관이 없단 말인가! 우리나라 사람들의 생각이 모두 이렇다면 나라가 망

하는 것은 너무나 당연한 일이 아닌가!'

여관으로 돌아온 안중근은 마음이 무너지는 듯한 슬픔과 안타까움을 어찌할 수가 없었습니다. 그래서 어느 날 답답한 마음을 달랠 겸 하느님에게 기도를 드리기 위해 여관 가까이에 있는 가톨릭교회로 갔습니다.

그런데 가톨릭교회에 들어선 안중근을 알아보는 사람이 있었습니다.

"아니, 안중근이 아닌가? 자네가 여기 웬일인가."

그 사람은 르각 신부였습니다. 프랑스 사람인 르각 신부는 우리나라에서 여러 해 동안 전도를 해 안중근과도 친하게 지내는 사람이었습니다.

안중근은 르각 신부에게 가족과 함께 상하이로 와서 독립운동을 할 거라는 이야기를 했습니다.

그러자 르각 신부가 말했습니다.

"자네처럼 생각한 많은 사람들이 다른 나라로 가서 독립운동을 한다면 나라는 텅 빈 껍데기가 되지 않겠는가? 더구나 다른 나라들이 조선의 형편을 알고 군대를 일으킬 거라고는 기대하지 않는 게 좋아. 그들은 자신들 것을 지키고 다른 것을 욕심내기에도 바빠서 조선을 도와줄 마음은 없을 걸세. 차라리 돌아가서 사람들을 가르쳐 힘을 기르는 것이 어떻겠는가?"

르각 신부의 말은 안중근에게 또 다른 가르침이 되었습니다.

'결국 우리를 도울 사람은 우리 자신뿐이다. 그래, 돌아가자. 돌아가서 우리를 지킬 수 있도록 사람들을 일깨우고 그들과 함께 나라 구할 방법을 찾아보자.'

안중근은 쓰라린 마음으로 고향 쪽으로 발걸음을 돌렸습니다.

지친 마음을 안고 돌아온 집에서는 슬픈 소식이 기다리고 있었습니다. 아버지가 병으로 세상을 떠난 것이었습니다. 하지만 안중근은 무너져 가는 나라 앞에서 슬퍼하며 시간을 보낼 수는 없었습니다.

'아버지, 앞으로 저는 장부로서 당당하게 살아가겠습니다. 그리고 우리나라가 독립하기까지는 절대 술을 마시지 않겠습니다.'

안중근은 아버지 무덤 앞에서 굳게 맹세했습니다.

생각쟁이 열린마당

선교사는 문화 전파자였을까, 문화 파괴자였을까?

안중근이 학교를 세우려고 서울에 있는 뮈텔 주교를 찾아갔을 때 그는 안중근의 부탁을 단호하게 거절했다. 조선 사람들이 공부를 하면 오히려 하느님을 더 열심히 믿지 않으리라는 것이었다.

또 안중근 가까이에 있던 다른 서양인 신부들도 우리나라 사람을 진심으로 이해하고 받아들이기보다는 서양 사람 입장에서 미개한 조선 사람을 가르친다는 느낌이 훨씬 컸다.

이는 백인의 우월 의식에서 생겨난 것이라고도 할 수 있다. 백인은 자신들과 다른 유색 인종에 대해 우월 의식을 갖고 있었다. 그리고 유색 인종의 문화에 대해서도 미개하거나 미신이라는 이유로 없애야 한다고 강요했다.

그러한 백인의 모습은 비단 우리나라뿐 아니라 세계 여러 곳에서 그들이 정복한 곳을 다스릴 때 자주 나타났다. 처음 아메리카 신대륙을 발견하고 그 땅에 식민지를 개척했던 백인들도 마찬가지였다. 특히 남아메리카에 종교를 알리기 위해 찾아갔던 선교사들은 정도가 더욱 심했다.

　십자군 전쟁이 끝난 뒤 이슬람교를 믿는 사람들 때문에 육로로 아시아에 가기 어려워지자, 스페인의 많은 탐험가들이 왕의 후원을 받아 새로운 항로를 개척하기 위해 나섰다. 그 과정에서 남아메리카의 잉카와 아스텍은 백인의 식민지 정책의 희생양으로 비참한 최후를 맞아야 했다.
　식민지를 세울 때 가장 먼저 들어서는 것 가운데 하나가 교회였다. 교회와 함께 건너간 선교사들은 원주민의 신전을 없애고 그 자리에 교회를 세웠다. 그리고 원주민이 믿고 있던 신앙과 종교를 뿌리째 뽑아 없애려고 그들의 언어와 풍습, 전통 등을 배웠다. 원주민을 이해해야 그들에게 종교를 더욱 잘 알릴 수 있다고 생각했기 때문이었다.

선교사들은 안중근을 도와주었던 선교사들처럼 군인이나 본국 정부의 억압이나 식민지 탄압에 시달리는 원주민을 지켜 주고 도와주는 입장에 서기도 했다.

그렇지만 가장 큰 목적은 원주민들로 하여금 가톨릭교를 믿게 하는 것이었으므로 원주민의 신앙이나 문화 풍습을 모두 미신으로 몰아 없애도록 했다.

결국 백인 선교사들은 원주민 문화 파괴자 역할을 도맡았다. 물론 그 과정에서 원주민이 백인의 앞선 문화를 배우고 발달한 과학 지식을 얻을 수는 있었다.

과연 백인 선교사를 문화의 전파자로 보아야 할까, 아니면 문화의 파괴자로 보아야 할까?

나라와 민족을 위한 큰길로 나서다

삼흥 학교, 돈의 학교

돌아가신 아버지 앞에서 굳게 결심한 안중근은 진남포로 집을 옮겼습니다. 그리고 르각 신부의 가르침대로 학교를 세워 학생들을 가르치기로 마음먹었습니다. 그러기 위해 그는 아버지에게서 물려받은 재산을 정리했습니다. 하지만 그것만으로는 학교를 세우기에는 많이 부족했습니다.

"학교를 지으려고 하니 자네가 좀 도와주게."

안중근은 재령에 사는 처남에게 도와 달라고 부탁했습니다. 그러자 처남은 기꺼이 1만 5000냥이라는 큰돈을 보내왔습니다. 그렇게 모인 돈으로 안중근은 학교를 세울 만한 곳을 찾아다녔습니다.

그때 진남포의 가톨릭교회에서 야학을 하던 곳을 사서 학교로 만들면 어떻겠느냐는 제의가 들어왔습니다. 그곳은 학교로 만들기에 좋았습니다. 안중근은 팔을 걷어붙이고 학교를 꾸미는 데 앞장섰습니다.

학교 이름은 '삼흥 학교'라고 지었습니다. 삼흥이라는 이름에는 국토와 국민과 국가, 이 세 가지를 부흥시키겠다는 안중근의 의지가 담겨 있었습니다.

야학 가난하여 배움의 기회를 놓친 사람들을 위해 개인이나 기관에서 여는 야간 학교를 줄여서 부르는 말.

부흥 쇠퇴했던 것이 다시 일어나 번성하게 됨.

학교를 세우자마자 새로운 학문을 배우려는 사람들이 여기저기에서 모여들었습니다. 얼마나 많은 사람들이 모여들었는지 자리가 없어 학생을 더 가르칠 수 없을 지경이었습니다. 안중근은 사무를 맡아보면서 모여드는 학생들을 격려하고 이끌었습니다. 또 훌륭한 선생이 있다는 말만 들으면 어디든 달려가 모셔 와 학생들을 가르치게 했습니다.

"이들이야말로 잃어버린 나라를 되찾을 기둥이 될 사람이다!"

그런 안중근의 열성으로 학교는 학생들로 가득 차서 이제 더는 학생을 받지 못했습니다.

"학교를 더 지어야겠어."

안중근은 또다시 두 팔을 걷어붙였습니다. 얼마 뒤에 드디어 두 번째 학교를 마련했습니다. 그 학교는 프랑스 신부가 운영하던 '돈의 학교'였는데, 신부가 진남포를 떠나게 되어 학생들을 가르칠 수 없는 형편이었습니다.

안중근이 다시 문을 연 지 일 년 만에 돈의 학교는 평안남북도와 황해도의 60여 개 학교가 참가한 공·사립학교 운동 대회에서 일등을 할 만큼 좋은 성적을 거두었습니다.

안중근은 도산 안창호 선생처럼 훌륭한 분들을 모셔 와 학생들에게 강연해 주기를 부탁했습니다. 학생들의 생각을 일깨우고 지식을 키우기 위해서였습니다. 학생들은 안중근의 바람대로 물을 머금은 꽃나무처럼 쑥쑥 자랐습니다.

빚을 갚는 것이 나라를 위하는 길

안중근은 열심히 교육 사업을 펼쳤습니다. 그런데 우리나라의 어장과 광산이 자꾸 일본 사람들 손에 넘어간다는 이야기가 머릿속에서 떠나지 않았습니다. 그래서 그 이야기를 들려준 송병윤, 한재윤과 함께 '삼합의'라는 회사를 만들어 광산 사업에 뛰어들었습니다.

그들은 이 일에서 생기는 이익금의 3분의 1은 학교를 운영하는 데 쓰기로 이미 정해 놓았습니다.

그러나 광산업은 시작도 하기 전에 실패했습니다. 조선 통감부 통감이 된 이토 히로부미가 조선 광업법을 만들어 일본 사람과 함께 운영하지 않는 광산은 광물을 캐지 못하도록 했기 때문이었습니다.

그 일로 삼합의는 많은 돈을 손해 보았습니다.

그뿐만이 아니었습니다. 일본 사람들은 토지 가옥 증명 규칙을 만들어 법을 만든 지 겨우 일 년이 되었을 때 무려 7억 6천만 제곱미터가 넘는 조선 땅을 강제로 빼앗아 갔습니다.

'나라가 튼튼하려면 돈이 있어야 해. 그런데 우리 조정에서는 일본에게 빚을 얻어 쓰고 있으니……. 국고를 다 털어도 일본에 진 빚을 갚을 수 없다니 우리가 그냥 이대로 있어서는 안 된다.'

안중근 혼자만 이런 생각을 한 것은 아니었습니다. 많은 사람들이 우리나라가 일본에 진 빚을 갚기 위해 나섰습니다. 그것이 바로 국채 보상 운동이었습니다. 국채 보상 운동을 맨 처음 시작한 사람은 대구의 '광문사'라는 출판사 사장과 직원들이었습니다. 그들은 나라의 빚을 갚기 위해 모든 국민이 석 달 동안 담배를 끊어 그 담뱃값을 모아 빚을 갚자고 외쳤습니다.

국고 나라의 재산인 곡식이나 돈 따위를 넣어 보관하던 창고. 또는 나라의 재산.

국채 보상 운동 대한 제국 때 일본에게 빌려 쓴 1300만 원을 갚기 위해 전국에서 벌인 애국 운동. 통감부의 압력으로 중지됨.

안중근은 국채 보상 회의 관서 지부를 맡은 지부장이었습니다. 그래서 그도 담배를 끊고 돈을 모았습니다.

그런데 어느 날 일본 경찰이 안중근과 국채 보상 운동을 벌이는 사람들이 모여 있는 곳에 찾아와 물었습니다.

"이 모임의 회원은 몇 명이고 모은 돈은 얼마나 되는가?"

"우리 회원은 우리나라 국민 전체이니 2000만 명이고, 우리는 돈을 모아 일본에 빚진 1300만 원을 갚을 계획이오."
"아니, 뭐라고? 이 나라 사람들은 모두 무식한데 도대체 무슨 일을 한단 말이냐?"
"빚을 진 사람이 빚을 갚겠다는 것이고, 빚을 준 사람은 돈만 받으면 되지 그게 무슨 예의에 어긋난 말이오?"
"뭐야?"
일본 경찰은 당당한 안중근의 태도에 화가 나서 덤벼들었습니다. 안중근도 지지 않고 일본 경찰에 맞서 싸웠습니다. 아무 이유도 없이 당할 수만은 없었습니다. 다행히 싸움은 옆에 있던 사람들이 말려서 곧 끝이 났습니다.

국채 보상 운동 기념비 일본이 대한 제국에게 빌려 준 국채를 국민이 갚기 위해 벌인 국채 보상 운동을 기념하기 위해 세운 비이다.

안중근은 식구들에게도 나라 빚을 갚는 운동에 참여하라고 말했습니다. 식구들도 안중근의 뜻을 따라 가지고 있던 장신구를 모두

나라와 민족을 위한 큰길로 나서다 **89**

내놓았습니다. 그 모습을 보고 감동한 많은 사람들이 가진 것을 내놓았습니다.

이렇게 국민은 나라를 생각하며 자신을 희생했지만 나라는 점점 더 깊은 늪 속으로 빠져 들었습니다. 일본은 점점 더 우리나라 사람들을 괴롭히고 모든 것을 짓밟고 빼앗아 갔습니다. 광무 황제를 자리에서 끌어내리는 짓도 서슴지 않고 저질렀습니다.

광무 황제 조선 제26대 왕인 고종 황제를 연호에 따라 일컫는 말.

'한 나라의 임금을 자기들 마음대로 끌어내리다니 어떻게 이런 일을 저지를 수 있단 말인가! 이래서는 안 돼. 저 못된 일본 놈들과 싸우려면 다른 대책이 필요해.'

학교를 애써 꾸려 가면서도 안중근은 마음 한구석이 무언가 빠진 것처럼 허전했습니다. 자신의 마음속에서 자꾸 솟아나는 물음 때문이었습니다.

'일본은 헤이그에 밀사를 보내 우리나라의 비참한 현실을 알리려 했다는 이유로 황제 폐하를 끌어내린 원수야. 이토 히로부미, 그놈이 감히 우리 황제 폐하를 내쫓고 이제 이 나라를 자기 마음대로 하겠다니……. 그건 있을 수 없는 일이야. 그런데 나는 이렇게 가만히 앉아서 학생들을 가르치는 것이 과연 옳은 일일까?'

안중근은 좀 더 적극적인 방법이 필요하다는 생각이 들었습니다.

채워지지 않는 마음

안중근이 여러 가지 고민을 하고 있을 때 아버지의 친구인 김 진사가 찾아왔습니다.

"여보게, 자네는 나라를 잃어버리는 것이 분하지도 않은가? 나는 자네 아버지와 가까웠던 사람으로서 자네의 모습이 안타까워 일부러 찾아왔네. 어째서 자네는 앉아서 죽기를 기다리고 있나?"

"그러면 제가 어떻게 해야 옳겠습니까?"

김 진사가 대답했습니다.

"자네는 몸도 건강하고 무예에도 뛰어난 사람이네. 그러니 이곳을 떠나 러시아 땅 블라디보스토크로 가서 그곳에 있는 우리나라 사람들과 힘을 모아 큰일을 해 보는 것이 어떻겠는가? 블라디보스토크에는 우리나라 사람이 많이 있다네. 그곳이라면 나라를 위하려는 자네의 큰 뜻을 펼칠 수 있을 걸세."

안중근은 김 진사의 말을 가슴 깊이 담았습니다. 사실 그 말은 오랫동안 안중근의 마음속에서 솟아나고 있는 것이기도 했습니다.

오랜 고민 끝에 안중근은 학교를 그만두기로 했습니다.

"그래. 일본 사람들의 감시가 덜한 북간도로 가서 우리 동포들과 함께 독립운동을 하자. 이토 히로부

북간도 두만강과 마주한 간도 지방의 동부 지역. 광물 자원이 많음.

미 놈에게도 반드시 복수해야 돼."

마음을 굳힌 안중근은 정근과 공근, 두 동생을 불렀습니다.

"나는 이제 먼 러시아 땅으로 가서 나라를 되찾는 일에 나설 생각이다. 어머니와 다른 가족을 잘 돌보아 다오."

안중근은 사랑하는 가족을 뒤로한 채 러시아를 향해 먼 여행길에 올랐습니다. 떠나는 발걸음은 가볍지 않았지만 큰일을 위해서 작은 일은 희생해야 한다고 생각했습니다.

간도 중국 동북부의 우리나라 사람이 많이 살던 지역.
만주 중국 둥베이 지방을 이르는 말로 동쪽과 북쪽은 러시아와 접해 있고, 남쪽은 한반도와 접해 있음.

안중근이 오랜 여행 끝에 찾아간 간도와 만주 지역은 이미 일본 군대의 군화 아래 짓밟혔습니다. 일본은 자기 나라 사람을 보호한다는 핑계로 만주 지역에 엄청난 군대를 보냈습니다.

중국도 형편이 좋지 않아 만주 지역에 일본 군대가 와 있다는 사실을 알면서도 어쩌지 못했습니다. 안중근은 그런 곳에서는 독립운동을 하기 어렵다고 생각했습니다. 그래서 처음 계획했던 대로 블라디보스토크로 발길을 옮겼습니다.

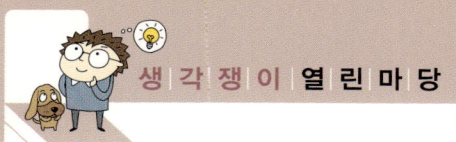

교육이 독립의 길이다

일제 강점기에 독립운동을 하기 위해서는 교육이 중요하다고 생각한 사람이 많았다. 안중근처럼 다른 나라가 도와주기를 기다리기보다 스스로 능력을 키워 독립할 수 있는 힘을 길러야 한다고 생각했기 때문이다.

교육 사업에 앞장선 사람들에는 우리나라 최초의 남녀 공학 학교인 정진 학교를 세운 도산 안창호 선생, 여성의 교육과 민립 대학 설립 운동을 펼쳤던 남궁억 선생, 민족 운동가를 키워 낸 오산 학교를 세웠으며 조선 교육 협회를 만든 이승훈 선생이 있다.

이들은 모두 우리나라가 독립하기 위해서는 교육이 뒷받침되어야 한다는 믿음이 있었다. 그 덕분에 일제의 탄압 속에서도 많은 인재가 교육받고 해방된 뒤 우리나라를 이끌어 가는 주인공으로 자랄 수 있었다.

이처럼 교육을 나라의 가장 중요한 사업으로 여긴 사람들 가운데에는 베트남을 이끌었던 지도자 호치민도 있다. 호치민은 베트남을 식민지로 삼은 프랑스와 독립 전쟁을 벌였다. 또 프랑스를 도와 전쟁에 나선 미국,

미국의 부탁을 받고 참가한 우리나라 등과 10여 년 동안 힘들게 맞서 마침내 미국과 다른 나라 군대를 베트남에서 몰아내는 데 성공한 최고의 지도자였다.

호치민은 결혼하지 않고 평생 나라를 위해 살았다. 그는 세상을 떠날 때

못 쓰게 된 타이어를 기워서 만든 슬리퍼만 남길 정도로 검소하고 오로지 베트남을 위해 온 몸을 바친 사람이었다. 베트남의 지도자가 되기 전에는 초등학교 선생으로 일한 적도 있었다.

호치민이 가장 중요하게 생각했던 것은 베트남 학생들의 교육이었다. 호치민은 전쟁에서 반드시 베트남이 이길 것이라고 믿었고 전쟁이 끝난 뒤, 국가의 미래를 이끌어 갈 지도자를 키워야 한다고 생각했다.

그래서 프랑스, 미국 등과 힘겨운 전쟁을 치르면서도 수많은 학생을 다른 나라로 보내 공부하도록 했다.

호치민이 유학 보낸 학생 수는 자그마치 5만 명이 넘었다고 한다. 유학생들은 프랑스, 러시아, 중국, 북한 등 여러 나라로 가서 공부했으며 전쟁이 끝난 뒤 베트남을 이끄는 훌륭한 지도자가 되었다.

연해주에 우뚝 선
대한국인 안중근

블라디보스토크의 우리 동포들

블라디보스토크까지 가는 길에도 안중근은 일본 군대의 병력이나 무기를 조심스럽게 염탐했습니다. 일본 군대의 전투 능력이 어느 정도나 되는지 미리 알아야 전투에서 이길 수 있다고 여겼기 때문이었습니다.

오랜 시간에 걸쳐 도착한 러시아 땅, 블라디보스토크는 중국에 비해서 아주 자유로웠습니다. 게다가 눈이 파랗고 코가 큰 서양 사람들이 대부분이었습니다. 또 우뚝우뚝 솟은 높은 서양식 건물이 많았습니다.

블라디보스토크에는 우리 동포가 4000~5000명이나 살고 있었고 학교도 두어 군데 있었습니다. 그들은 비록 형편이 넉넉하지 않았지만 일본의 탄압을 피해 온 사람들로서 나라를 생각하는 마음이 남달랐습니다.

그곳에는 우리 동포들이 모여 만든 청년 단체도 있었습니다. 안중근은 학교의 선생으로 일하면서 아주 까다로운 시험을 거쳐 청년회 회원이 되었습니다.

"우리 청년회의 입단 심사가 이렇게 까다로운 이유는 새로 들어오는 사람이 혹시 일본의 앞잡이나 끄나풀이 아닌가를 확인하기 위해서랍니다. 일본 놈들이 일진회˚라는 단체에서 첩자˚를 뽑아 약장수나 인삼 장수, 스님 등으로 위장해 보내고 있어요. 우리 청년회를 무너뜨리기 위해서지요."

심사를 맡았던 사람들이 합격한 안중근에게 심사가 까다로운 이유를 설명해 주었습니다. 안중근은 청년회에 들어가자마자 많이 배우고 붓글씨를 잘 쓴다는 이유로 감찰관에 뽑혔습니다. 감찰관은 회원들이 모임의 질서와 규칙을 잘 지키는지 살펴보고 조사하는 일을 했습니다.

하루는 회의를 하는데 어떤 회원이 자꾸 쓸데없는 이야기를 했습니다. 그러자 안중근은 감찰관으로서 맡은 임무 때문에 그 사람에게

일진회 일제가 대한 제국을 식민지로 삼는 것을 도운 단체. 1905년 일제가 을사조약을 강요할 때 앞장섰고 1910년 일제가 대한 제국의 국권을 빼앗자 해산함.

첩자 한 국가나 단체의 비밀이나 상황을 몰래 알아내 경쟁 또는 대립 관계에 있는 국가나 단체에 알리는 사람.

조용히 하라고 말했습니다.

"아니, 네가 뭔데 내게 이래라저래라 하는 거야? 나이도 어린 것이……."

안중근의 지적을 받은 사람이 몹시 언짢아하며 벌떡 일어났습니다. 그러더니 안중근의 뺨을 마구 때렸습니다. 순간 안중근은 화가 치밀어 올라 전부터 늘 가슴에 품고 다니던 권총을 꺼내 그 사람을 쏘아 버리고 싶었습니다. 손이 저절로 권총을 넣어 둔 주머니 쪽으로 움직였습니다.

그때 옆에 있던 사람들이 두 사람을 말렸습니다.

"여보게, 안 동지는 감찰관이니까 맡은 일을 한 것뿐이야."

"그래, 자네가 잘못했어. 안 동지, 이 사람이 실수한 것이니 조금만 참으시오."

사람들이 말리는 소리를 들으면서 안중근은 문득 할아버지가 자신에게 중근이라는 새 이름을 지어 주면서 하셨던 말씀을 떠올렸습니다.

'무거울 중, 뿌리 근……. 어떤 행동을 하더라도 신중하게…….'

그러자 솟아오르던 분이 가라앉았습니다.

"내 마음 같아서는 당장 맨주먹이든 총이든 무엇이든 들고 결투를 하자고 하고 싶소. 그러나 우리는 일본 놈들을 물리치기 위해 여기에 왔으니 싸우지 않겠소. 그렇지만 조직의 규칙을 지키지 않으면 그 사람은 조직원이 될 자격이 없소. 그러니 앞으로는 말과 행동을 조심하시오."

안중근의 말에 그 사람은 고개를 떨구었습니다. 안중근은 그 일로 한 달 넘게 귓병을 앓는 고통을 겪어야 했습니다.

하루는 안중근이 이범윤이라는 사람을 찾아갔습니다. 이범윤은 간도에 있는 우리 동포를 보호해 주는 간도 관리사로 일했는데, 러일 전쟁 때 러시아를 돕다가 러시아 군대를 따라 블라디보스토크까지 온 사람이었습니다.

안중근은 군인이었던 이범윤의 경력을 높이 샀습니다.

"우리나라는 곧 망할 위기를 맞았습니다. 우리의 작은 힘이라도 보태야 합니다. 더구나 예전에 나라에서 녹을 받아먹고 살았던 분이 꺼져 가는 촛불 같은 나라의 운명 앞에서도 어찌 구경만 하고 계시는지 모르겠습니다. 어르신께서 앞장서 주신다면 저희 젊은 이들이 따르겠습니다."

이범윤이 고개를 끄덕였습니다.

"자네 말이 모두 맞네. 하지만 일본과 맞서 싸우는 데 필요한 돈은 어떻게 마련할 텐가?"

"어르신께서 앞장서기로 약속만 하신다면 저희가 나서서 돈을 모아 보겠습니다."

"그렇다면 나도 함께 하겠네. 그런데 우리 모임에 꼭 넣어야 하는 분이 있네."

이범윤이 추천한 사람은 최재형이라는 사람이었습니다. 그는 열 살 때 부모를 따라 러시아 사람으로 귀화했는데 장사로 큰돈을 벌어 러시아 황제를 두 번이나 뵙기도 했습니다.

귀화 다른 나라의 국적을 얻어 그 나라의 국민이 되는 것을 말함.

최재형은 비록 러시아 사람으로 귀화했지만 나라를 생각하는 마음이 깊어 민족을 위한 학교를 세우는 등 우리나라의 독립을 위해 노력했습니다.

최재형을 찾아간 안중근은 자신의 의견을 조심스레 내놓았습니다. 그런데 놀랍게도 최재형은 선뜻 찬성하고 기꺼이 돕겠다고 나섰습니다. 게다가 조카인 엄인섭까지 함께 일을 하라고 소개시켜 주었습니다.

두 살 차이인 안중근과 엄인섭은 마음이 서로 잘 통했습니다. 그래서 그 뒤에 만난 김기룡까지 셋이 모여 의형제를 맺었습니다. 나이가 가장 많은 엄인섭이 첫째, 안중근이 둘째, 김기룡이 셋째가 되었습니다.

이렇게 의형제가 된 안중근과 엄인섭, 김기룡은 독립운동에 필요한 사람을 하나 둘씩 모았습니다. 그리고 곳곳을 돌아다니며 사람들의 마음에 애국의 불씨를 지폈습니다.

대한 의군을 일으키다

"여러분, 만약 어떤 사람이 고향 집을 떠나 먼 곳에서 넉넉히 잘살게 되었다고 해 봅시다. 그러던 어느 날 형제가 달려와 고향 집에 강도가 들어 부모를 내쫓고 형제를 죽이고 재산을 모두 빼앗아 살고 있다고 한다면 그 사람은 어떻게 해야겠습니까? 만약 나와는 전혀 상관없는 일이라고 말한다면 그 사람은 동물과 다름없을 것입니다. 여러분! 우리나라의 형편이 바로 그와 같습니다. 일본이 지금 우리나라에 들어와 강도 짓을 하고 있습니다. 그런데도 여러분이 나라에서 멀리 떠나왔다고 나 몰라라 한다면 우리나라는 얼마 안 있어 영원히 없어지고 말 것입니다. 뿌리 없는 나무가 어디 있겠습니까? 또 나라 없는 백성이 어디 있겠습니까? 여러분이 외국에 산다고 하여 조국을 나 몰라라 한다면 외국 사람들도 우리나라 사람을 보고 조국도, 동족도 모르는 사람이라고 욕할 것입니다. 이제 우리는 스스로 군대를 만들어야 합니다. 의병을 만들어야 합니다. 그래서 우리나라를 마음대로 짓밟는 일본을 혼내 주어야 합니다."

안중근의 뜨거운 마음이 담긴 연설은 우리 동포들의 마음을 움직였습니다. 많은 사람들이 의병을 위해 쓰라고 돈과 옷, 음식, 무기를 내놓았습니다.

드디어 1907년 러시아 블라디보스토크에서 우리나라 최초의 독립군인 대한 의군이 만들어졌습니다. 총독에는 김두성, 대장에는 이범윤,

안중근

서른 살의 안중근이 참모 중장이 되어 300여 명이나 되는 의군들의 사격 훈련을 도맡았습니다.

안중근은 총 쏘는 연습을 할 때마다 의군들에게 강조했습니다.

"이 총과 총알은 우리 동포들이 조국의 독립을 위한 마음으로 준 돈으로 샀소. 다시 말하면 백성들의 땀과 피로 산 무기란 말이오. 그러니 총알 하나라도 잃어버리지 않도록 조심해야 하오."

안중근의 치밀한 지도 아래 대한 의군은 열심히 연습해 훌륭한 총잡이가 되었습니다.

얼마 뒤 대한 의군은 처음으로 일본군을 물리치기 위해 조국을 향

해 길을 나섰습니다. 사람들의 눈길을 피해 국경을 넘어 함경북도 경흥군에 이르렀습니다. 낮에는 숲에 숨고, 밤이면 어둠을 틈타 걸었습니다.

  일본군은 이미 우리나라의 험준한 산 곳곳에까지 군대를 심어 놓았습니다. 이미 모든 국토가 일본군에게 짓밟혔다는 사실에 안중근은 분한 마음을 참기 어려웠습니다.

  함경북도에 이르러 대한 의군은 처음으로 국경 초소를 지키던 일본군과 맞붙었습니다. 한 군데 초소에는 일본군이 열 명쯤 있었습니다.

  처음 얼마 동안은 성과가 아주 좋았습니다. 몇 번이나 의군의 승리로 이어졌습니다. 안중근과 대한 의군은 몇 번 공격한 끝에 일본군 포로를 잡았습니다.

  안중근이 포로들에게 엄하게 물었습니다.

  "너희들은 어째서 조선을 침략하고 평화를 어지럽히느냐?"

  "저희들은 본래 농사를 짓고 장사를 하던 사람이었는데 이토 히로부미가 전쟁을 일으키는 바람에 끌려와 전쟁을 하고 있는 것뿐입니다. 살려 주신다면 조선의 독립과 동양의 평화를 위해 노력하겠습니다."

  일본군 포로들은 눈물을 흘리며 원하지 않았는데 전쟁에 끌려오게 되었다고 억울해했습니다.

"보아하니 너희들도 피해자로구나. 그만 돌아가라."
안중근은 일본군 포로들을 풀어 주었습니다.
"아니, 저놈들을 어떻게 믿고 풀어 주십니까? 저놈들이 곧 우리 뒤를 따라 더 많은 일본군을 데리고 올 것입니다. 게다가 일본 놈을 죽이고 나라를 구하기 위해 의병으로 나선 우리가 일본 놈을 놓아준다는 것은 말이 되지 않습니다."
"맞습니다. 저들을 보내 주어서는 절대로 안 됩니다."
다른 의군들은 안중근의 행동에 불만스러워했습니다.
그렇지만 안중근은 생각이 달랐습니다.
"우리는 옳은 일을 하는 사람들이니 적에게도 정의롭게 행동해야 합니다. 저들은 죄가 없는 사람이니 죽일 필요까지는 없습니다. 또한 포로가 되었을 때는 만국 공법에 따라 살려 주는 것이 옳습니다. 우리가 일본 놈들을 죽이기 위해 길을 나섰지만 죄를 따지지 않고 무조건 일본 사람을 죽이려고 나선 것은 아닙니다."

만국 공법 오늘날의 국제법을 이르는 말. 19세기 중반 서양의 여러 나라들이 아시아에 진출하면서 적용되기 시작함.

그러면서 자신의 뜻을 굽히지 않았습니다. 그러나 사람들은 끝내 안중근의 말을 이해하지 못했습니다. 그래서 어떤 사람들은 화를 풀지 않고 돌아가 버리기도 했습니다. 남은 사람들도 마음 깊은 곳에서부터 불만이 생겼습니다.

서글픈 귀환

 대한 의군은 계속 걸으며 또 다른 공격 대상을 찾았습니다. 그러나 행운이 계속 이어지지는 않았습니다. 안중근과 대한 의군은 길 안내를 맡은 사람이 일부러 길을 잘못 알려 주어 산길을 헤매 다녔습니다. 나중에 알고 보니 길 안내자는 친일파였습니다.

 날씨는 춥고 비까지 쏟아졌습니다. 비를 피할 만한 곳도 보이지 않았습니다. 그때 숲 속에서 대한 의군을 향해 총알이 쏟아졌습니다. 일본군이 숨어 있다가 그들을 공격한 것이었습니다.

 "속았구나. 역시 동지들이 말한 대로 포로들이 일본군을 데리고 온 모양이야."

 총탄 세례를 받은 대한 의군은 온 힘을 다해 싸웠지만 힘에 부쳤습니다. 결국 대한 의군은 뿔뿔이 흩어지고 말았습니다. 처음 출발할 때 200여 명이었던 군대가 50~60명으로 줄었습니다.

 안중근과 대한 의군은 겨우 적의 공격을 피해 산으로 숨어들었습니다. 그리고 처음 머물렀던 곳으로 돌아갔습니다. 대한 의군은 싸움에 져서 초라한 모습으로 산을 헤맸습니다. 산골을 헤매다가 들르는 집들에서는 하나같이 안중근과 대한 의군을 쫓아내기 일쑤였습니다. 대한 의군을 도와주었다가 혹시라도 자신들이 해를 입을까 봐 두려웠기 때문이었습니다.

안중근과 대한 의군은 많은 병사를 잃고 국경 근처를 헤매 다녔습니다. 신발은 다 떨어졌고 며칠을 굶어 뼈만 남을 지경이었습니다. 심지어 일본군에 항복하겠다고 말하는 사람까지 생겼습니다.

일본군의 기습 공격을 받고 쫓기느라 이제 남아 있는 사람은 네 명뿐이었습니다.

안중근은 비참하고 분한 마음을 참을 수 없었습니다.

'아, 어떻게 저렇게 나약하고 한심한 사람들과 나라를 구하겠다고 함께 나섰단 말인가! 아니, 아니다. 내가 누구를 원망하고 탓하겠는가…….'

안중근은 슬프고 분한 마음을 달래며 시를 지어 동료들에게 읊어 주었습니다.

사나이 뜻을 품고 나라 밖에 나왔다가
큰일을 못 이루니 몸 두기 어려워라.
바라건대 동포들아, 죽기를 맹세하고
세상에 의리 없는 귀신은 되지 말게.

그런 다음 사람들에게 말했습니다.

"자, 이제 각자 가고 싶은 곳으로 가시오. 나는 저 아래로 혼자서라도 내려가 일본군과 당당히 싸우다 죽겠소."

말을 마친 안중근은 총을 들고 일어나 산 아래에 있는 일본군을 향해 걸어갔습니다.

그러자 한 사람이 안중근을 붙잡으며 외쳤습니다.

"앞날을 생각한다면 그런 행동을 해선 안 되오! 비록 지금은 싸움에 졌더라도 블라디보스토크로 돌아가 군대를 일으켜 나라를 구하는 일에 나서야 한다는 사실을 명심하시오!"

그 말에 안중근은 고개를 끄덕였습니다. 맞는 말이었습니다. 지금 목숨을 걸고 싸우면 일본군 몇 사람을 죽일 수 있겠지만 뒷일을 도모할 수 없었습니다.

그들은 힘을 내어 다시 길을 나섰습니다. 그러나 처음 와 보는 낯선 산속에서 쏟아지는 비를 맞으며 길을 헤매다가 또 한 사람을 잃었습니다.

그들은 허기진 배를 시냇물로 채우며 걷고 또 걸었습니다. 때로는 산속에 사는 사람이 밥을 조금 나눠 주었지만 사람들은 대부분 안중근 일행을 서둘러 쫓아냈습니다. 일본군이 와서 대한 의군을 도와준다며 아무 죄 없는 사람들을 무자비하게 쏘아 죽였기 때문에 아무도 대한 의군을 도우려 하지 않았습니다.

그렇지만 그런 가운데서도 그들을 도와주는 사람이 있었습니다.

깊고 외진 산속에서 만난 한 노인은 안중근 일행에게 배불리 밥을 먹여 주고 두만강을 건너갈 수 있는 지름길도 가르쳐 주었습니다.

"나라가 위급할 때 이런 어려움은 국민으로서 당연한 일이라오. 기쁨이 다하면 슬픔이 오고, 고생이 끝나면 즐거움이 온다는 말이 있지 않소? 그러니 기운 내서 돌아가 뒷일을 계획해 보시오."

노인의 말은 추위와 굶주림으로 죽을 것 같았던 안중근 일행에게 큰 위안이 되었습니다. 노인의 도움으로 세 사람은 무사히 강을 건널 수 있었습니다.

생각쟁이 열린마당

고종 황제를 끌어내린
헤이그 밀사 사건

1907년 6월, 네덜란드의 수도 헤이그에서는 만국 평화 회의가 열렸다. 만국 평화 회의는 러시아 황제 니콜라이 2세가 제안해서 연 회의였다. 겉으로는 세계 인류의 평화를 위한 회의라고 이야기했지만, 사실은 힘 있는 나라들이 식민지를 어떻게 나눌 것인지 의논하기 위해 모인 것이었다.

고종 황제는 제2차 만국 평화 회의에 이상설, 이준, 이위종 세 사람을 남몰래 특사로 보냈다. 이위종은 안중근이 독립군을 만들기 위해 찾아가 도와 달라고 부탁했던 이범윤의 아들이기도 했다. 고종은 세 사람을 헤이그로 보냈다. 일본의 한국에 대한 부당한 간섭을 전 세계에 알려 조약이 무효임을 선언하려고 했다.

세 사람은 헤이그로 가서 일본의 부당한 행동을 전 세계에 알리려고 했지만 뜻대로 되지 않았다. 일본과 영국이 그 일을 적극 방해했기 때문이다. 영국은 일본의 한국 지배를 인정해 주는 대신 영국이 인도를 다스리는 것에 대해 일본으로부터 인정받기로 미리 약속했다. 그것이 영일 동맹이다.

그렇기에 한국의 이야기에 귀를 기울이지 않았다. 다른 힘 있는 나라들도 마찬가지였다. 그들은 자신들에게 아무런 이득이 없는 일에 참견하기를 꺼렸다.

결국 세 사람은 만국 평화 회의장에서 고종 황제의 뜻을 발표할 수 없었다. 심지어 만국 평화 회의에 참석할 수도 없었다.

그러던 중 다행히 네덜란드 언론인 W. 스테드의 도움으로 세계 여러 나라 기자들이 모인 국제 협회에서 일본의 부당한 행동과 을사조약이 무효라는 사실과 한국의 독립을 도와 달라고 호소할 수 있었다.

애끓는 호소를 들은 기자들은 세계 각 나라의 신문에 한국의 불합리한 처지를 호소하는 기사를 써서 실었다. 그러나 세계 각 나라의 대표를 움직여 한국을 돕게 할 수는 없었다. 이 일로 이상설과 이준, 이위종은 일본 통감부에 의해 종신 징역의 벌을 받았다.

그러나 이상설, 이준, 이위종은 한국으로 돌아가지 않았다. 성품이 바른 이준은 일본의 부당함을 호소하다 홧병으로 헤이그에서 죽었고, 이상설과 이위종은 러시아로 가서 독립운동을 했다.

그 뒤 헤이그에 밀사를 보냈던 고종 황제는 일본에 의해 황제 자리에서 물러났으며 아들인 순종이 왕위에 올랐다. 그러나 그것도 잠시, 한국을 일본의 식민지로 삼는 한일 병합을 하기에 이르렀다.

핏물로 새긴
대한 독립 만세

손가락을 자르고 쓴 글씨

안중근 일행은 조국을 구하기 위해 길을 떠난 지 한 달 반이 되어서야 겨우 국경을 넘어 목숨을 건질 수 있었습니다. 옷은 썩어서 몸을 가릴 수 없을 지경인 데다 셀 수 없이 많은 이가 몸을 기어 다녔습니다. 얼마나 변했는지 가까운 동지들도 그들을 알아보지 못했습니다.

안중근 일행이 블라디보스토크로 돌아오자 동포들은 따뜻하게 맞이하며 환영회를 열겠다고 했습니다.

"우리는 일본과 싸우기 위해 국경을 넘어갔지만 이룬 것 하나 없이 돌아왔소. 싸움에 진 장수가 무슨 환영을 받을 자격이 있겠소?"

안중근은 환영회를 연다는 말에 고개를 저었지만 동포들의 생각은 달랐습니다.

"싸우다 보면 당연히 이기고 지는 법인데 어찌 그것을 부끄러워하겠소? 더구나 그처럼 위험한 곳에서 이렇게 살아 돌아왔으니 환영하는 것이 마땅하지요."

동포들의 따뜻한 격려에 안중근은 새로운 힘과 용기를 얻었습니다. 안중근은 다시 젊은이들에게 애국심을 일깨우는 교육을 하며 군사 훈련을 시작했습니다. 단 한 번의 실패로 주저앉기에는 해야 할 일이 너무 많았습니다.

1909년 1월, 안중근은 젊은 동지 열한 명과 함께 비밀 조직을 만들었습니다.

"우리는 목숨을 바쳐 나라를 구해야 하오. 그렇지만 부끄럽게도 지금껏 생각만 있을 뿐 제대로 실천하지 못했소. 게다가 같은 동포끼리도 마음을 하나로 모으지 못하고 서로 다투고 갈라서기 일쑤요. 그러니 우리 젊은이들부터라도 마음과 힘을 모아 나라를 위한 일에 앞장서야 하오. 그리고 약속의 뜻으로 모두 이 자리에서 손가락을 잘라 흐르는 피로 오늘 우리의 결심을 하늘에 알리는 것이 어떻겠소? 이 맹세를 잊지 말고 반드시 조국의 독립을 이룰 수 있도록 말이오."

"좋은 생각이오."

"찬성이오."

열한 명의 동지 모두 굳은 의지로 눈을 빛내며 대답했습니다. 그러자 안중근은 미리 준비한 종이를 꺼냈습니다. 그 종이에는 비밀 단체를 만들게 된 이유가 담겨 있었습니다.

오늘날 우리 대한국인이 국가가 위급하고 국민이 멸망할 지경에 이르렀는데도 사람들은 말로만 애국을 한다, 나라를 구한다고 떠들어 댄다. 그래서 오늘 우리는 나라를 구하기 위해 온몸과 마음을 다 바칠 것을 결심하고 모임을 만들었다. 그리고 우리의 손가락을 끊어 그 결심이 앞으로도 변하지 않게 하려 한다.

종이를 펴 놓은 안중근은 미리 준비해 둔 칼로 가장 먼저 자신의 왼손 넷째 손가락 한 마디를 잘랐습니다. 그리고 손가락에서 흐르는 피로 태극기 한쪽에 첫 글자인 '대' 자를 썼습니다. 이어서 열한 명의 동지도 손가락을 잘라 나머지 글자를 이어서 '대한 독립'을 썼습니다.

글자를 다 쓴 사람들은 '대한 독립 만세'를 큰 소리로 세 번 외쳐 부르며 나라를 구하겠다는 의지를 굳혔습니다.

"우리 모임의 이름을 '단지 동맹'이라고 부르는 것이 어떻겠소?"

"좋은 생각이오. 오늘의 우리 각오를 잊지 맙시다."

'단지'라는 말은 손가락을 끊었다는 뜻입니다.

안중근이 일어나 말했습니다.

"나는 이 자리에서 앞으로 3년 안에 우리나라를 침략한 원흉인 이토 히로부미를 죽일 것을 맹세하겠소. 만약 내가 이 일을 이루어 내지 못한다면 스스로 목숨을 끊을 것이오."

원흉 잔인하고 못된 짓을 저지른 사람들의 우두머리를 말함.

안중근의 말은 곧 사실이 되었습니다.

민족의 원수 이토 히로부미

이토 히로부미는 우리나라를 일본의 손아귀에 들어가게 한 사람이었습니다. 그는 통감으로 있으면서 대한 제국의 황제는 모든 통치권을 영원히 일본 황제에게 넘겨준다는 내용의 조약을 강제로 맺게 했습니다.

그리고 나라 이름을 대한 제국에서 다시 조선으로 바꾸고 일본이 억지로 물러나게 한 광무 황제(고종 임금)를 이태왕(李太王)으로, 당시의 황제를 이왕(李王)으로, 황태자인 이은은 왕세자로 바꾸어 부르도록 했습니다. 우리나라 왕조를 일본 천황 아래 두기 위해서였습니다.

 게다가 어이없게도 일본의 앞잡이인 송병준은 이토 히로부미와 일본의 식민지 정책을 여기저기 자랑하듯 떠벌리고 다녔습니다. 사람들은 일본 사람들보다 오히려 그들의 앞잡이 노릇을 하는 우리나라 사람을 더 미워하고 원망했습니다.

 어느새 일본군은 우리나라 곳곳을 짓밟고 의병을 모두 없애고 있었습니다. 심지어 청나라와 러시아 등 의병이 있을 만한 곳까지 일본 경찰과 군대를 보내 뒤지고 의병을 붙잡아 갔습니다. 아무 죄 없는 사람을 죽이는 것도 예삿일이었습니다.

이토 히로부미 일본의 정치가로 일본 제국주의를 앞세워 동양 침략과 조선의 식민지화를 이끌었다.

 게다가 일본은 제멋대로 우리 땅이었던 간도를 중국 땅으로 인정한다는 조약까지 청나라와 맺었습니다. 자신들의 이득을 위해 간도를 청나라에 마음대로 주어 버렸습니다.

 "이럴 수는 없다. 이건 있을 수 없는 일이야."

 안타까움에 땅을 치던 안중근은 곳곳을 돌아다니며 동포들에게 연설했습니다.

"여러분, 의병 모을 돈을 모아 주십시오. 일본의 만행˚을 이렇게 두고 볼 수는 없습니다. 의병을 일으켜 나라를 구해 내야 합니다."

그러나 사람들의 반응은 싸늘했습니다. 어쩌면 그들은 이제 우리나라가 완전히 일본 것이 되었으니 포기하는 게 낫다고 생각하는 듯했습니다. 아무리 돌아다녀도 동포들은 안중근을 외면했습니다.

만행 야만적이고 비인간적인 행위.

《대동 공보》 1908년 6월 블라디보스토크에서 교포들의 친목 단체인 한국 국민회가 만든 신문.

안중근은 답답한 마음을 안고 《대동 공보》를 사서 펼쳤습니다. 신문을 읽으면 나라 안팎의 여러 가지 소식을 알 수 있었습니다.

그런데 신문에서 눈이 번쩍 뜨이는 기사를 보았습니다. 바로 우리 민족의 원수인 이토 히로부미가 하얼빈에 온다는 소식이었습니다.

"그래, 바로 이거다! 내가 기다렸던 소식이야!"

안중근은 뛸 듯이 기뻤습니다. 그것은 하늘이 준 기회였습니다. 안중근은 동포들이 자기만 잘 살려 하고 서로 싸우기나 할 뿐 진심으로 나라를 걱정하고 의병에 참여하거나 돈을 대지 않는 것이 매우 답답했습니다. 그런 상황에서는 의병을 모을 수도, 훈련을 시킬 수도 없었습니다. 그런데 이토 히로부미가 하얼빈에 온다니 그제야 자신이 해야 할 일이 생긴 것 같았습니다.

'이제야 우리 민족의 원수를 죽일 기회를 얻겠구나. 어떻게 해야 그자를 죽일 수 있을까?'
안중근은 곰곰이 생각하기 시작했습니다.

함께 일할 동지

'가장 먼저 필요한 것은 돈이다. 그런데 돈을 어디서 구하지?'
안중근의 머릿속에 이석산이라는 사람이 떠올랐습니다. 이석산은 황해도에서 의병을 일으켰다가 일본군에 쫓겨 온 사람으로 재산이 많았습니다.

그렇지만 이석산은 안중근이 아무 이유도 묻지 말고 100원이라는 큰돈을 빌려 달라고 하자 단호하게 거절하며 물었습니다.

"그렇게 큰돈을 어떻게 아무 이유도 없이 빌려 달란 말인가? 대체 무엇에 쓰려고 그러나?"

"이유를 말씀드릴 수 없습니다. 그렇지만 어르신께서는 이 돈을 빌려 준 것을 후회하지 않으실 것입니다."

그러나 이석산은 여전히 고개를 저었습니다. 하는 수 없이 안중근은 권총을 꺼내 이석산의 이마에 겨누었습니다.

"저는 그 돈을 어디에 쓸지 말씀드릴 수 없습니다. 그렇지만 돈은 꼭 얻어야겠습니다. 어르신, 돈을 주시겠습니까, 아니면 목숨을 내놓으시겠습니까?"

안중근의 눈에서는 불꽃이 튈 것만 같았습니다.

이석산은 하는 수 없이 돈을 내놓았습니다.

"고맙습니다, 어르신. 그렇지만 이 돈을 준 것을 결코 후회하지 않으실 것입니다."

그제야 안중근은 권총을 내려놓고 고개를 숙였습니다. 이석산은 무슨 생각을 했는지 더 묻지 않고 안중근을 보내 주었습니다.

'이제 돈을 마련했으니 이토 히로부미를 죽이기 위해서는 좀 더 정확한 자료가 필요해. 언제, 어디로 몇 시에 도착하는지 정확한 정보를 얻어야 해.'

안중근은 정보를 얻기 위해 《대동 공보》 신문사로 갔습니다. 그곳 주필인 이강은 함께 독립운동을 하는 사람이었습니다. 이강은 안중근의 계획을 듣고는 이토 히로부미가 오는 날과 시각, 열차 편 등의 정보를 알아봐 주었습니다. 그뿐만 아니라 권총을 구해 주었으며 함께 일을 꾸밀 수 있도록 동지까지 소개시켜 주었습니다.

"아니, 이게 누군가? 덕순이 아닌가?"

안중근은 이강이 보낸 사람을 보고 깜짝 놀랐습니다. 그는 우덕순이었습니다. 우덕순은 국경을 넘어 일본군과 전투했을 때 함께 목숨을 걸고 싸운 사람이었습니다.

안중근은 그때 일을 떠올렸습니다.

일본군의 공격을 받아 몇 명 남지 않고 모두 죽거나 뿔뿔이 흩어져 산속을 헤매 다니며 먹을 것을 구하다가 일본군을 만났습니다. 그때 우덕순은 동지들을 위해 일부러 일본군 쪽으로 뛰어가 다른 사람들이 도망칠 수 있게 하고 자신은 일본군에게 잡혔습니다.

"난 자네가 일본군에게 잡혀 죽은 줄만 알았다네. 그런데 이렇게 살아 있다니 정말 고맙고 기쁘네."

안중근은 눈물을 흘리며 우덕순을 끌어안았습니다.

"자네가 나와 함께 일을 해 준다면 더할 나위 없이 든든할 거야."

"오히려 내게 그런 큰일을 함께 할 기회를 주어서 고맙네."

안중근과 우덕순은 손을 맞잡고 함께 나라를 위해 죽을지도 모르는 일을 하게 된 것을 기뻐했습니다.

생각쟁이 열린마당

이토 히로부미는 어떤 사람이었나?

이토 히로부미의 본명은 하야시 도시스케로, 일본 야마구치 현에서 가난한 농부의 아들로 태어났다. 일곱 살이 되던 해 아버지가 하급 무사 집안의 양자가 되면서 그의 계급도 무사 계급으로 바뀌었다.

젊은 시절 영국으로 가서 해군학을 공부했으며 메이지 유신에 참여하면서 정치계에 발을 들였다. 메이지 유신이 일어난 뒤 다시 이토 가문의 양자가 되었기에 이름을 이토 히로부미로 바꾸었다. 영어를 잘해서 메이지 유신 뒤 새로운 정부에서 중요한 역할을 맡았다.

1885년에는 내각 총리대신이 되었으며 1888년에는 추밀원 의장을 맡았다. 특히 독일 헌법을 바탕으로 한 메이지 헌법의 초안을 만들어 일본 헌법의 기초를 닦았다. 또 현대 일본의 기초를 닦는 데 매우 중요한 역할을 했다.

이토 히로부미는 동양의 평화를 주장했으며 일본이 평화를 지키는 데 앞장서야 한다고 했다. 그 당시 일본은 메이지 유신으로 근대화를 이루면서 영국이나 미국 등 서양 강국을 본받았다. 서양 강국에게 가장 중요한 일은

식민지를 세우는 것이었다. 일본도 그들과 마찬가지로 세력을 대륙으로 뻗치기 위해 조선을 침략했다. 일본은 겉으로 서양 열강의 침탈을 받는 동양의 평화를 위한다고 말했지만, 속마음은 다른 서양 열강들처럼 식민지를 차지하려는 욕심으로 가득했다.

일본은 결국 조선을 식민지화한 뒤 중국과 러시아 일부 지역에까지 세력을 뻗쳤고 마침내 필리핀, 베트남, 인도네시아 등에까지 힘을 미쳤다.

일본은 동양 각 나라의 주권을 침해했을 뿐 아니라 동양의 평화를 위협했으며 무엇보다 우리나라 사람과 많은 동양 사람들에게 씻을 수 없는 큰 상처를 남겼다.

　이토 히로부미는 일본의 야망과 욕심을 대표하는 사람으로 우리나라를 일본의 식민지로 만드는 데 가장 중요한 역할을 했다. 우리나라를 일본의 식민지로 만드는 것보다는 일본의 보호를 받는 나라로 계속 두면서 천천히 식민지화하고, 그 대신 우리나라에서 나오는 자원을 빼앗아 갈 계획을 세웠다.

　우리나라 사람의 반발을 사면서 식민지화를 서두르는 것보다 명목상으로는 나라를 그대로 남겨 두고 자원만 빼앗아 우리나라 사람의 반발을 줄일 생각이었다.

　그러나 안중근 의사의 암살로 이토 히로부미는 죽음을 맞았다. 그가 죽자 일본 여론과 정치인들이 들고일어나 우리나라를 천천히 병합하려던 계획을 바꾸어 1910년 한일 병합을 하게 되었다.

민족의 이름으로
원수를 처단하다

치밀한 작전

이토 히로부미는 기차를 타고 하얼빈으로 올 거라고 했습니다. 안중근과 우덕순은 권총을 사서 가슴에 소중히 품고는 블라디보스토크에서 열차를 탔습니다.

"그런데 우리는 러시아 말을 잘 못하지 않는가? 그러니 통역을 해 줄 사람이 필요해."

"그렇군. 갑자기 예상하지 못한 일이 생겨 방해를 받으면 안 되지."

두 사람은 스이벤호라는 곳에서 기차를 내려 전부터 알고 지내던 유동하의 집으로 갔습니다. 유동하의 아버지는 스이벤호에서 한약방을 하고 있었습니다.

"여보게, 내가 우리 가족을 데리러 하얼빈 역으로 간다네. 그런데 내가 러시아 말을 잘 몰라 어려울 것 같네. 혹시 자네가 통역을 해 줄 수 있겠나?"

안중근은 유동하에게 어쩔 수 없이 거짓말을 했습니다. 아무리 전부터 알고 지내던 사이라 해도 이토 히로부미를 없앨 계획을 함부로 말할 수는 없었습니다. 그러다 일을 그르치기라도 한다면 큰일이었습니다.

"아, 나도 마침 아버지 심부름으로 하얼빈에 약을 사러 가려던 참이라오. 잘됐구려. 같이 갑시다."

유동하는 아무것도 모른 채 흔쾌히 승낙하고 그들을 따라나섰습니다.

이튿날 하얼빈에 도착한 그들은 김성백이라는 사람의 집에 머무르며 형편을 살펴보기로 했습니다. 이토 히로부미가 10월 26일 하얼빈에 도착한다는 소식이 신문에 실려 있었습니다.

그런데 갑자기 유동하가 집으로 돌아가야겠다고 서둘렀습니다. 안중근과 우덕순에게는 통역을 해 줄 새로운 사람이 필요했습니다. 그 말에 집주인 김성백이 나서서 조도선이라는 사람을 데려왔습니다. 조도선은 안중근도 전부터 잘 아는 사람이어서 큰일을 앞둔 안중근의 마음이 놓였습니다.

안중근은 우덕순, 조도선과 함께 시내로 나가 하얼빈 역 근처로 가서 열차가 오고 가는 상황을 자세히 살폈습니다. 이제 이토 히로부미를 죽이는 일만 남았습니다.

어두운 밤이 되었을 때 안중근은 이토 히로부미가 도착하려면 겨우 이틀밖에 남지 않았음을 깨달았습니다. 그는 두렵고 떨리는 마음을 다잡으려고 붓을 들어 시를 썼습니다.

장부가 세상에 태어났으니 그 뜻이 크도다.
때가 영웅을 만들고 영웅이 때를 만드는 것을.
천하를 굽어보니 어느 날에야 뜻을 이룰까.
동풍은 점점 차가운데 장부의 꿈은 뜨겁구나.
분함을 떨치고 반드시 목적을 이루리로다.
쥐 도적 이토여,
목숨을 구하기를 바라지 마라.
동포여, 동포여, 어서 큰 뜻을 이루세.
만세, 만세여. 대한 독립이로다.
만세, 만세여. 대한 동포로다.

우덕순도 붓을 받아 자신의 마음을 담은 시를 썼습니다. 가만히 앉아 무사히 지내기만을 바란다면 나라의 독립을 얻을 수 없다는 내용이었습니다. 그렇게 두 사람의 마음을 시로 쓰는 동안 시간이 흘러 날이 밝고 아침이 되었습니다. 드디어 이토 히로부미가 도착하기 하루 전날 아침이 된 것입니다.

안중근은 일행과 함께 지야이지스고 역으로 갔습니다. 지야이지스고 역은 하얼빈 가까이에 있는 조그만 시골 역이었습니다. 그렇지만 러시아의 재무대신 코코체프와 이토 히로부미가 온다는 소식을 듣고 많은 사람이 나와서 청소하고 경비를 서며 환영 준비를 하고 있었습니다. 하얼빈은 사람이 너무 많아 이토 히로부미를 죽이기가 쉽지 않을 것 같아 일부러 지야이지스고 역을 택했습니다.

"안 동지, 여기서 이토를 쏘기만 하면 되겠지요?"

안중근은 우덕순의 말에 대답하지 않았습니다. 왠지 지야이지스고 역에서는 이토 히로부미를 죽이는 일이 쉽지 않을 것 같았습니다. 게다가 이토 히로부미가 탄 열차가 지야이지스고 역에 멈추거나 그가 열차에서 내린다는 것도 확실하지 않았습니다.

게다가 이토 히로부미의 출발과 도착을 알리는 신문 기사를 모두 믿기 어려웠습니다. 어쩌면 이토 히로부미의 안전을 걱정해 일본 경찰이 가짜로 흘린 정보일지도 모르는 일이었습니다.

'코레아 우라!'

불안한 표정으로 지야이지스고 역을 살펴보던 안중근이 입을 열었습니다.

"아무래도 안 되겠소. 하얼빈은 경비가 너무 삼엄할 것 같아 열차가 잠시 멈출 지야이지스고 역에서 일을 치르려고 했는데, 이곳은 총을 쏘기에 알맞지 않을 것 같소. 그러니 나는 혼자서 다시 하얼빈으로 가야겠소. 우리 셋 다 여기서 기다리다가 혹시라도 이토 히로부미가 하얼빈에 내린다면 모든 것이 물거품이 되오. 그러니 두 동지는 이토 히로부미가 이곳에서 내린다면 일을 치러 주시오. 나는 하얼빈에 가서 혹시 있을지도 모르는 만약의 사태를 대비하겠소."

어렵게 준비한 일이 작은 실수로 성공하지 못한다면 큰일이었습니다. 게다가 안중근은 이토 히로부미를 신문에서만 보았을 뿐 실제로 본 적이 없었기에 정확히 알아보고 죽일 수 있는지도 걱정스러웠습니다.

"자, 이 총알을 받으시오. 이 총알에는 십자 표시가 되어 있는데, 덤덤탄이라는 것으로 총을 쏘면 몸 안에서 총알이 산산이 흩어져 치명적인 상처를 내지요."

말을 마친 안중근은 우덕순과 조도선에게 총알과 함께 남아 있던 돈을 모두 털어 주고 하얼빈으로 가는 기차를 탔습니다. 지야이지스고 역에서 하얼빈까지는 세 시간 거리였습니다. 이제 어느 쪽이든 일을 성공시키면 되었습니다. 그러나 결코 쉽지 않은 일이었습니다.

안중근은 하얼빈에서 혼자 하룻밤을 보냈습니다. 다음 날 안중근은 단정하게 양복을 입고 품에 권총을 넣었습니다. 이제 일어서서 밖으로 나가기만 하면 되었습니다. 그러나 바로 일어나지 않고 그 자리에서 무릎을 꿇고 두 손을 모았습니다.

"천주님, 제가 오늘 반드시 우리 2000만 동포의 원수인 이토 히로부미를 죽일 수 있도록 도와주십시오."

안중근의 마음은 그 어느 때보다 더 간절했습니다. 그는 기도를 마치고서 기차가 도착하기로 한 시각보다 두 시간이나 이른 아침 일곱 시부터 역 근처 찻집에 앉아 이토 히로부미가 도착하기를 기다렸습니다.

군인을 비롯한 수많은 사람들이 이토 히로부미를 마중하기 위해 나와서 기다렸습니다. 아직 기차가 도착하기 전인 데도 군악대의 요란한 음악이 하얼빈 역을 뒤흔들었습니다.

'우리 민족의 원수, 동양 평화를 무너뜨린 자가 이렇게 환영받다니……. 어쩌면 세상이 이렇게 불공평할까!'

안중근은 마음 깊숙이에서 치솟아 오르는 분한 마음을 가까스로 쓸어내렸습니다. 드디어 시간이 되었습니다. 이토 히로부미를 태운

특별 열차가 도착했습니다. 군악대의 음악이 하늘을 찌를 듯 요란하게 퍼졌습니다.

'그렇군. 역시 지야이지스고 역이 아니라 하얼빈에 내리는 것이었어. 하마터면 놈을 놓칠 뻔했군. 침착하자. 반드시 놈을 죽일 수 있도록 총을 쏘기에 가장 좋은 곳을 찾아야 한다.'

열차에서 하얀 수염을 늘어뜨린 한 노인이 높은 관리로 보이는 사람들의 안내를 받으며 내렸습니다.

'저 사람이다!'

한 번도 만나 본 적이 없었지만 안중근은 이토 히로부미를 알아보았습니다.

'실패하지 말아야 해. 좀 더 가까이, 좀 더…….'

안중근은 떨리는 마음으로 옷 속에 숨긴 권총을 확인하며 앞으로 나아갔습니다. 안중근이 워낙 깔끔하고 단정하게 옷을 갖춰 입고 나왔기에 그를 의심하고 막아서는 군인은 한 명도 없었습니다.

드디어 이토 히로부미가 안중근의 눈앞에 가까이 다가왔습니다. 이토 히로부미는 환영 나온 사람들에게 반갑게 인사했습니다. 안중근은 천천히 품속에서 총을 꺼내 그를 향해 겨누었습니다. 그러고는 망설이지 않고 방아쇠를 당겼습니다.

탕! 탕! 탕!

이토 히로부미는 총을 맞자마자 그 자리에서 쓰러졌습니다. 그러나 안중근은 혹시 총을 맞은 사람이 이토 히로부미가 아닐까 싶어 그 옆에 있던 일본 사람들 가운데 가장 의젓해 보이는 사람에게도 총을 쏘았습니다. 민족의 원수인 이토 히로부미를 죽이는 일에 실패하지 않기 위해서였습니다.

이토 히로부미는 그 자리에서 죽었습니다. 러시아 헌병들이 총을 들고 있는 안중근 쪽으로 달려왔습니다. 그러나 안중근은 도망치지 않았습니다. 오히려 후련한 표정으로 총을 내던지고 두 팔을 높이 쳐들며 소리쳤습니다.

"코레아, 우라! 코레아, 우라! 코레아, 우라!"

러시아 말로 '대한 만세'라는 뜻이었습니다. 안중근은 더 많은 세상 사람들에게 일본의 악함과 우리나라의 억울함을 알리려고, 일부러 러시아 말로 대한 만세를 외쳤습니다. 그 자리에 있던 많은 사람들의 귀에 안중근의 외침은 송곳처럼 날아가 박혔습니다.

러시아 헌병들이 거친 손길로 안중근을 잡아챘습니다. 안중근은 어디로 끌려가는지 알지 못했지만 아무렇지 않은 표정으로 그들을 따라갔습니다. 더는 미련이 남지 않았고 거리낄 것도 없었습니다.

이토 히로부미를 죽인 이유

1909년 10월 26일, 중국 하얼빈 역의 러시아 헌병 파견대 안에서는 한 남자가 러시아 헌병들에게 몸수색을 당하고 있었습니다. 그렇지만 그의 몸에서는 아무것도 나오지 않았습니다. 그는 방금 전에 이토 히로부미를 죽이고 붙잡힌 안중근이었습니다.

"수색할 필요 없소. 나는 아까 이토 히로부미를 쏜 총을 그 자리에서 버렸소."

안중근은 거칠게 몸수색을 당하면서도 담담하게 말했습니다. 아무리 뒤져도 나오는 것이 없자 러시아 헌병은 그를 마차에 태워 일본 영사관으로 데려갔습니다.

'드디어 올 것이 왔다.'

안중근은 숨을 깊게 한 번 들이마신 뒤 영사관 안으로 들어갔습니다. 조선을 일본 마음대로 주무르기 위해 보낸 이토 히로부미에게 총을 쏘아 죽였으니 앞으로 얼마나 험난한 일을 겪게 될지 짐작하고도 남았습니다.

"안중근, 왜 이토 각하를 죽였나?"
"누가 너에게 이토 각하를 죽이도록 지시했나?"
일본 검찰관이 안중근을 신문하기 시작했습니다.
"솔직하게 대답해라. 그렇지 않으면 너는 목숨을 구하기 어려울

> **영사관** 외국에 파견된 외교 공무원들이 일하는 기관. 자기 나라 국민을 보호하고 그 나라와 좋은 관계를 맺기 위해 애씀.

것이다."

"난 누구의 지시를 받아서 이 일을 한 것이 아니다."

안중근의 대답에 검찰관이 다시 물었습니다.

"그럴 리 없어. 이렇게 엄청난 일을 너 혼자서 꾸몄을 리 없다."

"천만에. 내가 스스로 계획해서 실행한 일이다."

검찰관은 안중근의 말을 믿으려 하지 않았습니다. 안중근의 뒤에 이토 히로부미를 암살하도록 명령한 배후가 분명히 있을 것이라고 믿었습니다.

그러나 안중근의 대답은 한결같았습니다.

"어느 누구도 나에게 이토 히로부미를 죽이라고 명령하지 않았다. 모든 것은 나 혼자서 계획하고 실천한 일이다."

"그렇다면 대체 왜 이토 각하를 죽였느냐?"

"왜 죽였느냐고? 너희들은 그 이유를 짐작하지 못한단 말이냐? 그렇다면 내가 이토 히로부미의 죄목을 하나하나 들어 이야기할 테니 잘 들어 보아라."

안중근은 침착하고도 당당하게 이토 히로부미의 죄목을 늘어놓기 시작했습니다.

"이토 히로부미가 저지른 죄는 너무나 많다. 하나, 우리 나라의

> **암살** 정치적으로 중요한 자리에 있는 사람을 정치적·사상적 이유 때문에 몰래 죽이는 행위.
> **배후** 어떤 일에서 밖으로 드러나지 않은 뒷면 또는 어떤 일을 뒤에서 조종하는 사람이나 세력.

국모인 명성 황후를 죽이도록 한 것이다. 둘, 고종 황제를 황제 자리에서 물러나도록 한 것이다. 셋, 우리나라를 일본의 식민지로 만들어 버리는 5조약과 7조약을 강제로 맺도록 한 것이다. 넷, 아무 죄 없는 우리나라 사람을 죽인 것이다. 다섯, 우리 정권을 강제로 빼앗은 것이다. 여섯, 철도, 광산, 산림, 강산 등 우리 것을 마음대로 쓴 것이다. 일곱, 제일 은행권 지폐를 마음대로 만들어 쓴 것이다. 여덟, 우리나라 군대를 해산시킨 것이다. 아홉, 교육을 방해하고 신문을 못 읽게 한 것이다. 열, 우리나라 사람이 해외 유학을 하지 못하게 막은 것이다. 열하나, 교과서를 빼앗아 불태워 버린 것이다. 열둘, 우리나라가 일본의 지배를 받기 원한다고 세계에 거짓말을 퍼뜨린 것이다. 열셋, 지금 우리와 일본 사이에 끊임없이 피비린내 나는 일이 벌어지는데 아무 일이 없는 것처럼 일본 천황을 속인 것이다. 열넷, 동양의 평화를 깨뜨린 것이다. 열다섯, 일본 메이지 천황의 아버지인 고메이를 죽인 것이다."

안중근의 침착하고도 정확한 지적에 검찰관의 얼굴은 굳어졌습니다. 어느새 검찰관의 말투는 예의 바르게 바뀌었습니다.

"당신이 지금 한 말을 들으니 모두 옳다는 생각이 듭니다. 당신은 참으로 옳은 일을 했으니 사형은 받지 않을 것입니다."

그러나 안중근은 고개를 저었습니다.

"내가 죽고 사는 것은 이야기할 필요가 없소. 그러니 내 뜻을 일본 천황에게 알려 주기나 하시오. 하루빨리 이토 히로부미가 한 옳지 못한 일을 고쳐서 동양의 위급한 상황을 바로잡을 수 있기를 바랄 뿐이오."

안중근과 함께 모든 일을 처음부터 함께 계획했던 우덕순, 지야이지스고 역에 함께 있었던 조도선, 안중근이 하얼빈 역 안으로 들어갈 때 통역을 도운 유동하도 붙잡혔습니다. 우덕순과 조도선이 지야이지스고 역에서 이토 히로부미를 기다릴 때 러시아 군인이 그들을 의심해 붙잡아 가두었고, 안중근이 이토 히로부미를 죽이는 사건이 벌어지자 그와 한패임이 밝혀져 함께 붙잡혀 온 것이었습니다. 얼마 뒤 그들은 뤼순에 있는 일본의 관동 도독부로 옮겨졌습니다.

관동 도독부 일본이 만주의 남부 지역을 다스리기 위해 세운 기관.

생각쟁이 열린마당

테러리스트인가, 독립투사인가?

일본 사람들은 안중근 의사의 이토 히로부미 저격 사건을 정의를 위해 옳은 일을 했다는 뜻의 '의거'가 아니라 폭력으로 적을 위협하거나 공격한다는 뜻의 '테러'라고 말한다. 일본 사람들의 주장과 달리 우리나라 사람들은 이토 히로부미를 죽인 안중근과 도시락 폭탄을 던져 일본 고위 관리를 죽인 이봉창 등을 옳은 일을 한 사람, 즉 의사 또는 독립투사라고 말한다.

그러나 어떤 사람들은 이봉창 의사의 의거를 뒤에서 명령하고 실천에 옮기게 한 김구 선생을 테러리스트라고 말하기도 한다. 그렇다면 과연 안중근이나 이봉창, 김구 선생이 테러리스트였을까, 아니면 의로운 일을 한 독립투사였을까?

일본 사람들이 안중근 의사의 이토 히로부미 암살을 테러라고 한다 해도 우리나라 입장에서 보면 안중근 의사의 행동은 테러가 아닌 의거이다. 안중근 의사가 이토 히로부미를 죽인 시기는 일본이 우리나라를 점령해 제멋대로 쥐고 흔든 때였다. 안중근 의사는 우리나라 사람들이 나라의 독립을 위해 일하다 일본 경찰이나 군인에게 많이 죽어 간 것에 대한 응징으로 거사를 벌였다.

그러나 일본 입장에서는 위대한 정치 지도자인 이토 히로부미를 죽인 안중근은 테러리스트로밖에 볼 수 없다. 도시락 폭탄을 던진 이봉창 의사나 그 일을 하도록 뒤에서 도운 김구 선생도 테러리스트로 보았고, 그렇기에 수많은 독립투사를 끊임없이 잡으려고 눈에 불을 켰다.

그런 문제는 옛날 사람들에만 해당되는 것이 아니다. 오늘날에도 이스라

엘이나 아프가니스탄 등의 중동 지역에서는 그 지역에서 나는 석유 등의 천연자원을 차지하려고 강대국들이 경쟁을 벌이고 있다. 또한 팔레스타인 사람을 강제로 몰아낸 이스라엘의 행동, 크리스트교와 이슬람교 사이에 일어난 종교 마찰로 암살이나 자살 폭탄 테러가 수없이 일어나고 있다.

미국이나 옛 소련 등의 서양 세력을 몰아내기 위해 나선 이슬람 지도자 오사마 빈 라덴과 그를 따르는 사람들이 투쟁에서 승리하기 위해 테러를 할 때도 있었다. 또한 팔레스타인 사람들은 자신들이 살던 땅을 이스라엘 사람들로부터 되찾기 위해 자살 폭탄 테러를 하기도 했다.

그들이 땅을 되찾는다든지 침략한 사람들을 몰아내기 위해 그런 행동을 했다 하더라도, 아무 죄 없는 사람들이 희생되므로 이를 테러라고 부른다.

그렇지만 오사마 빈 라덴은 자신들이 벌이는 테러를 성스러운 전쟁이라고 하고, 팔레스타인 반군도 자신들의 땅과 권리를 찾기 위한 투쟁이라고 주장한다. 그런 모습은 안중근이나 이봉창 의사의 주장과 크게 다르지 않다.

결국 독립투사인가, 테러리스트인가 하는 문제의 답은 그것을 누구의 시각으로 어떻게 보느냐에 달려 있다.

당당하고 의롭게 맞은
최후의 순간

당당하게 재판을 받다

안중근은 매서운 추위가 살을 엘 듯한 북쪽 지방의 11월 초순, 뤼순 감옥에서 지내게 되었습니다. 그런데 이상하게도 일본 관리나 간수는 안중근에게 친절하고 예의 바르게 대했습니다.

'정말 이상하다. 우리나라에 있는 일본 사람들은 포악하기 짝이 없는데 이곳 뤼순에 있는 일본 사람들은 이렇게 마음씨가 좋단 말인가? 대체 이곳 사람들은 무엇이 다른 것일까?'

안중근은 그것이 아주 궁금했습니다. 일본 사람들은 조사하는 동안에도 귀한 이집트 담배를 나눠 주며 피우게 했습니다. 게다가 우리나라 사람들이 돈을 모아 영국과 러시아 변호사를 사서 안중근의 변호를 맡도록 하는 것도 허락해 주었습니다.

'혹시 내가 일본을 오해한 것은 아닐까? 일본 사람들이 이렇게 마음씨가 너그럽다니……. 그렇다면 혹시 내가 이토 히로부미를 죽인 것은 너무 지나친 행동이 아니었을까?'

일본 관리들의 행동은 진심이었습니다. 그들은 동양의 평화를 위해 죽음을 각오하고 이토 히로부미를 죽인 안중근의 의협심을 존경했습니다. 일본 관리들은 때로는 좋은 음식을 가져다주고 주마다 목욕을 하게 해 주었습니다. 옷과 이불도 넉넉하고 따뜻했으며 사과와 배, 감 등도 날마다 주었습니다. 그뿐 아니라 동생 공근, 정근과 자주 면회할 수 있게 해 주었습니다.

그렇지만 어느 날부터 일본 관리들의 태도가 바뀌었습니다. 그들은 갑자기 안중근에게 모욕적인 말을 내뱉고 욕을 했습니다. 진심은 아닌 것 같았지만 커다란 변화였습니다. 그리고 매우 불길한 변화이기도 했습니다.

'그래, 이들이 변한 것은 분명 나를 죽이기 위해서다. 그러나 상관없다. 어차피 내 목숨을 구하려고 이 일을 한 것이 아니지 않은가!'

안중근은 씁쓸하게 웃음을 지었습니다. 얼마 뒤에는 외국인 변호사들이 안중근을 변호하기로 했던 것도 무효가 되었습니다.

1910년 2월 7일 오전 10시. 뤼순의 관동 도독부 고등 재판정에서는 조선 사람 네 명에 대한 재판이 열렸습니다.

재판장˙뿐만 아니라 검사˙, 피고인˙을 변호하는 변호사까지 모두 일본 사람이었습니다.

"피고 안중근, 어째서 이토 각하를 죽였소?"

검사가 묻자 안중근이 일어서서 당당하게 말했습니다.

"나는 3년 전부터 대한 의군 참모 중장 자격으로 이토 히로부미를 죽이려고 했소. 그를 죽이려고 계획했던 것은 나 혼자만의 사사로운 미움이나 원한이 있어서가 아니오. 사실 나는 그를 죽이기 전까지 그의 얼굴조차 알지 못했소. 나는 우리나라의 독립과 동양의 평화를 위해서 그를 죽였소. 이토 히로부미를 죽이는 것이야말로 우리나라의 독립을 위한 일이라고 생각했소."

재판정에 있던 사람들은 안중근의 당당하고도 침착한 말에서 진실을 읽을 수 있었습니다. 그의 말에 귀 기울이지 않는 사람은 일본 사람들로 이루어진 재판부뿐이었습니다.

마침내 안중근이 화가 난 듯 한마디 했습니다.

"이 재판은 엉터리요. 일본 사람이 아닌 나를 어째서 일본 법정에서 재판하오? 어째서 나를 재판하는 모든 사람이 일본 사람이며,

> **재판장** 한 재판을 맡아보는 판사들의 대표.
> **검사** 범죄를 수사하고 범죄를 저지는 사람에 대한 재판을 요청하는 국가 법무부 소속의 공무원.
> **피고인** 형사 소송에서 어떤 사건에 대해 책임이 있다고 검사가 지목한 사람.

심지어 나를 변호하는 변호사조차 일본 사람이란 말이오? 통역관이나 방청객까지 모두 일본 사람들인데 어떻게 공정한 재판이 될 수 있단 말이오?"

재판정 안은 찬물을 끼얹은 듯 싸늘해졌습니다. 겉으로 말은 하지 않았지만 많은 사람들이 안중근의 말이 옳다고 여겼습니다. 그러나 처음부터 안중근에게 말할 기회를 주지 않으려 했던 재판장은 끄떡도 하지 않았습니다.

"오늘 재판은 여기서 끝내고 내일 다시 재판을 열겠소."

재판장은 서둘러 선언한 뒤 나가 버렸습니다. 그런 재판장의 모습에서 안중근은 그들의 생각을 읽을 수 있었습니다. 그들은 오로지 안중근의 죽음만을 생각하고 있는 듯했습니다.

그렇지만 아무런 미련도 없었습니다. 우리나라를 그토록 괴롭히고 마음대로 짓밟은 이토 히로부미를 죽였으니 자신의 몫을 다한 셈이었습니다.

다음 날에 열린 2차 재판도 안중근에게 불리했습니다.

"피고는 조선 사람입니다. 그러므로 일본 법정에서 그를 재판할 권리는 전혀 없습니다."

일본인 변호사는 안중근이 일본 법정에서 재판받는 것에 대한 부당함을 이야기했지만 받아들여지지 않았습니다. 3차, 4차, 5차 재판에서도 마찬가지였습니다.

"나는 오로지 우리나라의 독립과 동양의 평화를 위해 이토 히로부미를 죽였소. 그러니 나를 단순한 자객으로 취급하지 말고 전쟁 중에 잡힌 포로로 대접해 마땅히 만국 공법에 따라 재판해 주시오."

안중근은 일본 법정의 부당함을 끝까지 주장했습니다. 그러나 재판장은 귀가 멀기라도 한 사람 같았습니다. 2월 14일 오전 10시. 결

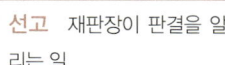

국 재판장은 재빨리 재판을 마무리하고 선고를 내렸습니다.

"피고 안중근, 사형! 이토 히로부미를 죽이는 데 협조한 우덕순과 조도선은 징역 3년! 통역해 주었던 유동하는 징역 1년 6개월!"

이렇게 재판은 부랴부랴 끝이 났습니다. 누구도 공감할 수 없는 매우 일방적인 선고였습니다. 그러나 한편으로는 이토 히로부미를 죽였을 때부터 이미 충분히 각오한 일이기도 했습니다.

> **선고** 재판장이 판결을 알리는 일.
> **징역** 죄를 지은 사람을 일정 기간 동안 교도소에 가두어 놓는 형벌.

이토 히로부미를 죽인 안중근을 영웅으로 생각하며 재판 결과를 초조하게 기다리던 우리나라 사람들은 모두 울분을 참을 수 없었습니다. 그러나 우리나라 사람들은 힘이 없었습니다.

떳떳하게 죽음을 맞으라

"겨우 사형이라니. 이보다 더한 형벌은 없소?"

안중근은 사형 선고를 받고서도 매우 당당했습니다.

'옳지 않은 재판에 대해 다시 재판해 달라고 요청할 필요도 없다. 내가 다시 재판을 해 달라고 한다면 일본 법정에서 재판받는 것을 인정한다는 뜻이 된다. 게다가 아무리 내가 다시 재판을 해 달라고 한들 일본 사람들이 이미 내린 사형 선고를 바꿀 리 없다. 오히려 내가 하루라도 더 목숨을 잇고 싶어서 재판을 다시 신청하는 것으로 받아들여질지도 모른다.'

사형 선고를 받고 감옥으로 돌아가는 안중근의 얼굴은 매우 평화로웠습니다. 오히려 안중근의 죽음을 안타까워하고 슬퍼한 사람은 감옥을 지키던 일본 관리들이었습니다. 안중근의 당당한 모습에 그들은 큰 감동을 받았습니다.

어느 날, 동생 정근과 공근이 전부터 잘 알고 지내던 홍석구 신부와 함께 감옥으로 안중근을 찾아왔습니다. 안중근이 전에 고백 성사를 하고 싶다고 부탁했기 때문이었습니다.

"자비로운 하느님께서는 그대를 잊지 않으실 것입니다."

> **고백 성사** 가톨릭 신자가 자신이 알게 모르게 지은 죄를 뉘우친다고 사제에게 고백하고 하느님의 용서를 받는 행위.

안중근은 마음 깊이 신부의 말을 받아들이며 성호˙를 그었습니다. 그는 신부의 기도와 축복 속에서 평안을 얻었습니다.

동생 정근이 눈물을 머금고 말했습니다.

"어머니께서 형님은 옳은 일을 했으니 삶을 얻기 위해 비겁하게 행동하지 말고 떳떳하게 죽음을 맞으라고 말씀하셨어요."

그러자 안중근이 말했습니다.

"나도 그렇게 생각한단다. 만약 내가 목숨을 조금이라도 잇기 위해 또다시 재판을 신청했다면 어머니께 불효를 저지르는 일이 되었을 거야."

'저 사람뿐 아니라 어머니도 정말 훌륭한 분이구나. 자식이 죽음을 앞두고 있는데 슬퍼하거나 안타까워하기보다 나라를 위해 떳떳이 자랑스럽게 죽으라고 말하다니……'

안중근과 동생이 나누는 이야기를 옆에서 듣고 있던 일본 간수는 놀라움으로 입을 다물 수 없었습니다. 그래서 그 모든 이야기를 꼼

유언을 남기는 안중근 뤼순 감옥에서 빌렘(홍석구) 신부와 두 동생에게 유언을 남기고 있다.

성호 '거룩한 표'라는 뜻. 가톨릭 신자가 손으로 가슴에 긋는 십자가를 이르는 말.

꼼히 적었습니다. 그 사실은 곧 밖으로 알려져 《대한매일신보》와 《아사히 신문》에 실렸습니다.

"역시 그 어머니에 그 아들이로군."

"그래. 그렇게 훌륭한 어머니가 계시니 안중근이 저렇게 당당하고 훌륭했군."

많은 사람들이 신문 기사를 읽으며 안중근과 어머니의 꿋꿋함에 고개를 숙였습니다. 그리고 의인 안중근의 죽음을 매우 안타까워했습니다.

재판이 끝나자 안중근은 감옥을 지키는 간수와 다시 친하게 지냈습니다. 하루는 간수가 고등 법원장을 만나게 해 주었습니다.

"사형 선고를 받은 것에 불만을 갖고 다시 재판을 청구하려면 5일 안에 하면 됩니다. 공소 하겠습니까?"

고등 법원장은 안중근에게 다시 재판을 신청할 것인지 물어 보았습니다.

"나는 다시 재판을 신청하지 않을 것이오. 이 재판정에서 재판을 받아야 할 이유가 조금도 없기 때문이오. 그런데도 이렇게 어이없는 재판을 받은 것은 내가 약한 나라의 국민이기 때문이오. 그것이 나의 죄라면 죄겠지요. 일본은 동양에서 자기 혼자만 살고 있다고

《대한매일신보》 1905년 8월 11일에 양기탁이 영국인 베델과 함께 한글과 영문으로 발간한 신문으로 일제의 침략 전쟁을 비판함.

《아사히 신문》 일본의 3대 일간지 가운데 하나로, 1879년 1월 25일 오사카에서 기무라 노보루가 창간함.

공소 검사가 법원에 형사 사건의 재판을 청구하는 일.

생각해서는 안 됩니다. 동양의 모든 국가들이 서로 힘을 모아 세상을 이끌어 갈 때 진정한 세계 평화가 있을 텐데 일본은 어째서 그것을 잊고 있는지 모르겠소."

고등 법원장은 감탄하며 말했습니다.

"당신의 말이 옳습니다. 그렇지만 나라에서 하는 일이라 내가 어쩔 수 없는 것이 정말 안타깝습니다. 당신이 한 말을 우리 일본 정부에 반드시 보고하겠습니다."

"고맙소. 그런데 할 수 있다면 사형 날짜를 한 달쯤 미뤄 줄 수 있겠소?"

고등 법원장이 매우 궁금하다는 듯 물었습니다.

"무엇 때문입니까?"

"《동양 평화론》이라는 책을 쓰려고 하오."

"걱정하지 마십시오. 한 달이 아니라 몇 달이라도 쓰고자 하는 것을 쓰십시오."

그렇게 해서 안중근은 감옥 안에서 자서전 《안응칠 역사》를 썼습니다. 그러나 《동양 평화론》은 쓰다가 끝마치지 못했습니다.

안중근을 곁에서 지켜보던 일본 간수들은 어느새 곧은 성품의 그를 존경하게 되었습니다. 그래서 안중근에게 비단 천이나 종이를 들

> **《동양 평화론》** 안중근이 감옥 안에서 쓰기 시작한 책으로, 머리말과 제1장의 일부밖에 쓰지 못하고 사형이 집행됨. 한국, 중국, 일본이 평화를 위해 실천해야 할 다섯 가지를 제시함.

고 와 마음에 담을 수 있는 글을 써 달라고 부탁했습니다. 그들은 그토록 기개가 드높은 안중근의 글씨를 간직하고 싶어 했습니다. 더구나 글씨 뒤에 손가락 한 마디가 없는 안중근의 손바닥으로 찍은 도장은 정말 귀중했습니다.

안중근은 자신의 일생을 담은 글을 정리하면서 한편으로는 그들의 부탁을 거절하지 않고 마음과 정성을 담아 정성껏 글을 써 주었습니다.

'어릴 때 할아버지께서 내게 글씨를 가르쳐 주시던 일이 떠오르는군. 내가 죽으면 할아버지를 뵐 수 있겠지…….'

모든 사람들의 가슴에 남은 안중근

사형을 집행할 날이 다가왔습니다. 안중근을 보기 위해 먼 길을 달려온 홍석구 신부도 돌아가고 동생 정근과 공근만 안중근의 시신을 거두려고 남아 있었습니다.

안중근은 사형을 며칠 앞두고 동포들에게 편지를 써서 《대한매일신보》에 보내 자신이 죽기 하루 전날에 실어 달라고 부탁했습니다. 약속대로 그가 죽기 전날인 1910년 3월 25일, 《대한매일신보》에 편지가 실렸습니다. 그 내용은 이러했습니다.

내가 우리나라의 독립을 되찾고 동양 평화를 지키기 위해 3년 동안 해외에서 모진 고생을 하다가 마침내 그 목적을 이루지 못하고 이곳에서 죽노니, 우리 2000만 형제자매는 각각 스스로 노력해 학문에 힘쓰고 실업을 일으켜, 내 뜻을 이어 우리나라의 자유 독립을 되찾으면 죽는 자 남은 한이 없겠노라.

안중근은 그토록 사랑하는 조국을 두고 떠나야 했습니다. 드디어 운명의 날이 된 것입니다.

안중근은 두 동생을 마지막으로 만나 부탁했습니다.

"내가 죽으면 내 뼈를 하얼빈 공원 옆에 묻었다가 나라가 독립을 되찾는 날 고국으로 옮겨 주도록 해라. 나는 천국에 가서도 조국의 독립을 위해 힘쓸 것이다. 모든 국민이 국민으로서의 의무를 다해 마음과 힘을 모으면 큰 뜻을 이룰 수 있을 것이다. 그렇게 해서 대한 독립 만세를 외치는 소리가 가득하다면 나는 하늘에서도 벌떡 일어나 춤추며 만세를 부를 거란다."

이제 사형대 앞으로 가야 할 시간이었습니다. 안중근은 그의 죽음을 안타까워하는 일본 간수들을 오히려 달래며 사형장 안으로 들어섰습니다. 안중근은 고향에서 보내온 한복을 입고 있었습니다.

"마지막으로 하고 싶은 말을 해 보시오."

"아직 나이 어린 유동하를 잘 처리해 주었으면 좋겠소. 유동하는 아무것도 모르고 통역이 필요하다는 말에 이 일에 끼었소. 그러니 그가 큰 벌을 받지 않도록 도와주시오. 그리고 또 하나, 내가 이토 히로부미를 죽인 것은 동양의 평화를 위해서였으니 우리나라와 일본의 평화를 위해 만세 삼창을 했으면 좋겠소."

그러나 안중근은 만세를 부를 수 없었습니다.

잠시 뒤 간수가 안중근의 눈을 천으로 가리고 교수대로 이끌었습니다. 안중근은 교수대에 올라가자마자 기도를 드리기 시작했습니다. 밖에는 비가 억수같이 쏟아졌습니다. 밧줄이 목에 걸리고 곧 사형이 집행되었습니다.

| 교수대 | 교수형을 받은 사람의 목을 매어 죽이는 틀이나 장치. |

잠시 뒤 안중근은 이 세상 사람이 아니었습니다. 안중근의 동생들은 눈물을 흘리며 시신을 받으려고 기다렸습니다. 그렇지만 안중근의 시신을 받을 수 없었습니다. 일본 정부에서 시신을 주지 않았습니다.

"여보시오, 분명히 시신을 준다고 해 놓고 이제 와서 안 된다니 그런 억지가 어디 있소?"

안중근의 동생들은 땅을 치며 울었지만 소용없는 일이었습니다. 두 사람은 일본 병사들에 의해 형이 묻히는 것도 제대로 보지 못하고 밀려났습니다.

"정부에서 시신을 주지 말라는 지시가 내려왔소."

일본 간수가 퉁명스레 말했습니다.

안중근의 시신을 감옥 공동묘지에 묻지 않으면 그의 묘지는 우리나라 사람들의 성지가 되어 우리나라 사람을 똘똘 뭉치게 해 줄 것이었습니다. 일본은 그렇게 되기를 바라지 않았습니다.

성지 특정한 사람들에게 신성하고 거룩하며 역사적인 뜻이 담긴 장소.
유해 죽은 사람의 몸을 태우고 남은 뼈. 또는 무덤 속에서 나온 뼈.

민족의 원흉이었던 이토 히로부미를 죽인 안중근. 나라의 독립을 위해 자신뿐만 아니라 가족들을 희생하게 했던 안중근은 먼 이국땅, 뤼순 감옥의 묘지에 쓸쓸히 묻혔습니다.

일본 사람들의 반대로 돌려받지 못한 안중근 의사의 유해를 찾는 일은 그 뒤 꾸준히 진행되었으나 매우 어려웠습니다. 시간이 흐르면서 뤼순 감옥 묘지가 많이 훼손되었기 때문입니다.

중국 정부도 1971년부터 1986년까지 다섯 차례에 걸쳐 안중근 의사 묘지를 찾기 위해 애썼으나 성공하지 못했습니다.

우리나라 정부도 발굴 조사단을 보냈으나 안중근 의사의 유해를 찾는 일은 여전히 어려웠습니다.

안중근 의사가 세상을 떠난 뒤 동생과 조카 등 집안에서 40여 명의 독립운동가가 나왔습니다. 그들은 안중근 의사의 뜻을 이어받아

나라를 위해 온몸을 바쳤습니다.

일본으로부터 수없는 압박과 감시를 받았던 안중근 의사의 가족들은 러시아 옌하이저우로 피했습니다.

그 뒤 1811년에 안중근 의사의 맏아들인 우생(분도)이 일본에 의해 독살당하는 등 수많은 어려움을 겪어야 했습니다.

옌하이저우 러시아의 시베리아 동해 지역. 북서쪽은 만주, 남서쪽은 북한, 남동쪽은 우리나라 동해와 맞닿아 있음. 중심 도시는 블라디보스토크임.

그런 어려움 가운데서도 안중근 의사의 동생 정근과 공근은 상하이 임시 정부에서 군사를 훈련시키거나 김구 선생의 비서로 일하면서 많은 활약을 했습니다. 또한 정근의 딸 미생은 함께 독립운동을 거들면서 백범 김구 선생의 아들과 결혼했습니다. 나라가 해방을 맞은 뒤 그들은 남한이나 북한으로 가거나 해외로 떠났으며 그 뒤로도 나라를 다시 세우는 데 많은 노력을 기울였습니다.

안중근 의사의 독립 정신은 오늘날까지도 많은 사람들에게 감동과 교훈을 주고 있습니다. 또한 많은 사람들이 손가락 한 마디가 잘린 안중근 의사의 손도장 그림을 나라 사랑의 뜨거운 마음으로 기억하고 우러러보고 있습니다.

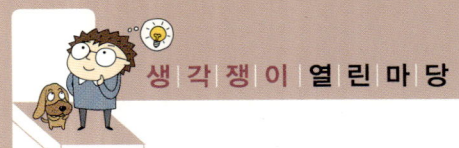

안중근을 존경하고 기억하는 일본인

안중근 의사는 죽기 전에 그를 지켜본 많은 일본 사람들에게 존경받았다. 비록 일본의 추밀원 의장이었던 이토 히로부미를 죽인 원수였지만 고결한 성품을 지닌 데다 이토 히로부미를 죽여야만 했던 이유가 분명했기 때문이었다.

특히 뤼순 감옥에서 간수로 일했던 '지바 도시치'라는 사람은 안중근 의사의 인품과 기개에 감동해 그가 죽은 뒤부터 위패를 모시고 명복을 빌었다. 또 지바 도시치가 세상을 떠난 뒤에는 그의 아내가 이어서 안중근 의사의 위패를 모셨다고 한다.

물론 지바 도시치도 처음에는 일본의 위대한 정치가인 이토 히로부미를 죽인 안중근 의사를 매우 미워했다고 한다. 그렇지만 죄수와 간수의 신분으로 가까이 지내면서 안중근 의사가 이토 히로부미를 죽인 것은 결코 사사로운 감정 때문이 아니라 오히려 동양의 평화를 위해서였음을 알고 나서는 오히려 존경하게 되었다고 한다.

그 뒤 두 사람은 우리나의 독립군과 일본군, 사형수와 감옥의 간수, 가톨릭 신자와 불교 신자라는 차이점에도 서로 우정을 나누는 사이가 되었다. 특히 안중근 의사는 죽기 직전 지바 도시치에게 글귀를 써 주었는데 그 내용은 다음과 같다.

'위국헌신 군인본분(爲國獻身 軍人本分).'

이는 나라를 위해 몸을 바치는 것은 군인의 당연한 일이라는 뜻이다. 군인이었던 지바 도시치에게 군인으로서 임무에 충실하라는 이야기를 한 것이고, 역시 독립을 위해 군인의 길을 걸었던 자신의 삶을 돌아보는 글귀이기도 했다.

지바 도시치는 죽을 때까지 이 글귀를 지니고 있었다. 그 뒤 그의 아내와 아들이 안중근 의사 탄생 100주년이 되던 1979년 안중근 의사 기념관에 기증했다.

안중근의 발자취

1879년(1세) 황해도 해주부 황석동에서 태어남.

1885년(7세) 가족들과 함께 신천군 두나면 청계동으로 이사함.

1894년(16세) 아버지 안태훈이 포수를 모아 황해도에서 일어난 동학 농민군과 전투를 벌이자 선봉에 섬. 김아려와 결혼함.

1870 — 1880 — 1890

1877년 영국이 현재의 남아프리카 공화국의 일부였던 트란스발 공화국을 병합.

1879년 미국의 에디슨이 백열 전구를 발명.

1882년 독일·오스트리아·이탈리아가 삼국 동맹을 맺어 군사적으로 돕기로 함.

1887년 베트남·라오스·캄보디아가 프랑스의 지배를 받게 됨.

1889년 일본에서는 천황의 신성불가침한 통치를 내세운 제국 헌법이 정해짐.

1890년 영국의 세실 로즈가 남아프리카 공화국의 케이프 주 식민지 수상에 취임.

1893년 독일의 기계 기술자 루돌프 디젤이 디젤 엔진을 발명.

1894년 마르크스가 자본주의를 비판한 《자본론》을 완성.

1895년(17세) 아버지 안태훈이 동학군에게서 빼앗은 쌀 때문에 소송에 휘말림.

1897년(19세) 빌렘 신부에게 세례를 받고 '도마(토마스)'라는 세례명을 얻음.

1905년(27세) 해외에 항일 기반을 잡을 계획으로 중국 상하이와 칭다오 등지를 돌아다님.

1906년(28세) 진남포로 이사함. 삼흥 학교와 돈의 학교를 열어 교육 운동에 힘씀.

1907년(29세) 국채 보상 운동이 전국으로 확대되자 국채 보상회 관서 지부를 세우며 적극 참여함. 항일 운동을 본격적으로 시작하기 위해 블라디보스토크로 건너감.

1900

1896년 그리스 아테네에서 제1회 올림픽 대회가 열림.

1898년 쿠바 섬의 이해 관계를 둘러싸고 미국과 에스파냐 사이에 전쟁이 일어남.

1899년 남아프리카 공화국에서 영국인과 보어 인 사이에 보어 전쟁이 벌어짐(1899~1902년).

1902년 러시아의 남진 정책을 막기 위해 영국과 일본이 영·일 동맹을 맺음.

1904년 모로코가 프랑스의 보호령이 됨.

1906년 미국 샌프란시스코에 대지진이 일어남.

미국이 세계 최초로 라디오 방송을 함.

1908년(30세) 의병 부대를 조직해 국내 진입 작전을 시도했으나 일본군에게 짐.

1909년(31세) 11명의 동지와 함께 모여 왼손 넷째손가락 한 마디를 잘라 그 피로 '대한 독립'이라는 네 글자를 쓰고 '대한 독립 만세'를 세 번 외치며 조국의 독립 회복과 동양 평화 유지를 위해 헌신하는 '단지 동맹'을 결성함.
이토 히로부미가 하얼빈에 온다는 소식을 듣고 하얼빈 역으로 가서 이토 히로부미를 저격함.
곧바로 체포되어 일본 영사관에서 심문받고 사형을 선고받음.

1910년(32세) 감옥 안에서 자서전 《안응칠 역사》를 완성함.
3월 26일, 뤼순 감옥에서 사형이 집행되어 세상을 떠남.

1910

1909년 미국의 탐험가 피어리가 북극점에 도달.

1910년 남아프리카 연방이 영국령이 됨.